El Libro de Trabajo

Doce Pasos y Doce Tradiciones

De

Codependientes Anónimos

Esta es la literatura aprobada por la Conferencia Nacional de CoDA

Esta publicación no puede ser reproducida ni fotocopiada, sin el permiso escrito de
Co-Dependents Anonymous, Inc.
© 2003 Todos los derechos reservados.

Co-Dependents Anonymous, Inc.
P.O. Box 33577
Phoenix, AZ 85067-3577
USA
602-277-7991
www.coda.org

Segunda Edición Consolidada: octubre de 2007

Paga obtener copias adicionales de este libro de trabajo, o para pedir otra
literatura aprobada por la Conferencia Coa, contacte a:

CoRe Publications
P.O. Box 1004
Denver, NC 28037-1004
USA
Teléfono: 704-483-30-38
Fax: 704-483-3088
Email: coreorders@coda.org
Pedidos en línea: www.coda.org/estore

Estimado miembro de CoDA.

El Libro de Trabajo sobre los Doce Pasos y las Doce Tradiciones es el resultado de un largo y gratificante proceso de conciencia de grupo.

Este proyecto comenzó cuando un grupo de miembros de CoDA comenzó a reunirse cada semana para discutir un Paso y su Tradición correspondiente. Después de que escribieron sus diálogos, el material fue enviado al Comité de Literatura de Coda –CLC, por sus siglas en inglés- para editarlo y reescribirlo. El CLC sometió las versiones editadas en la Conferencia de Servicio CoDA para su aprobación. Luego, fue impreso y distribuido entre la Fraternidad.

Quienes participamos en este proyecto hemos experimentado considerable recuperación a través del proceso de conciencia de grupo. Nos sentimos agradecidos por la oportunidad de haber servido a la Fraternidad de Codependientes Anónimos.

En Servicio,

Comité de Literatura de CoDA.

Contenido

Prefacio 5
Doce Pasos de Codependientes Anónimos 6
Doce Tradiciones de Codependientes Anónimos 7
Doce Promesas de Codependientes Anónimos 8
Primer Paso y preguntas 9
Primera Tradición y preguntas 15
Segundo Paso y preguntas 21
Segunda Tradición y preguntas 27
Tercer Paso y preguntas 33
Tercera Tradición y preguntas 41
Cuarto Paso y preguntas 47
Cuarta Tradición y preguntas 65
Quinto Paso y preguntas 71
Quinta Tradición y preguntas 77
Sexto Paso y preguntas 83
Sexta Tradición y preguntas 89
Séptimo Paso y preguntas 95
Séptima Tradición y preguntas 101
Octavo Paso y preguntas 107
Octava Tradición y preguntas 113
Noveno Paso y preguntas 119
Novena Tradición y preguntas 127
Décimo Paso y preguntas 133
Décima Tradición y preguntas 139
Onceavo Paso y preguntas 145
Onceava Tradición y preguntas 151
Doceavo Paso y preguntas 157
Doceava Tradición y preguntas 163
Lista de Tradiciones para el Inventario del Grupo 169
Estas son preguntas más personalizadas que pueden ayudarte en tu proceso
    de recuperación. 170
Designación de Derechos de Autor 179

Prefacio

Conforme preparamos el material de estudio para el grupo, parece evidente que los Pasos cubren tres áreas. Ellas son:

- Identificar nuestras características codependientes y sus manifestaciones en nuestras vidas: NUESTRA EXPERIENCIA.
- Utilizar las herramientas en nuestro Programa: NUESTRA FUERZA.
- La recompensa al utilizar estas herramientas y experimentar recuperación: NUESTRA ESPERANZA.

Encontramos que las Tradiciones nos otorgan guía mientras trabajamos en nuestra recuperación, hacemos nuestro trabajo de servicio y vivimos nuestro Programa.

A través de este Libro de Trabajo, encontrarás que nos referimos a la codependencia como una enfermedad. A muchos de nuestro grupo les resultó muy útil -quizá incluso necesario- para comprender los efectos de la codependencia. También, identificar cuando se presentan los síntomas de la codependencia y aprender a aplicar las herramientas de nuestro Programa (auto-cuidado) al recuperarnos. Nos fue útil comprender que necesitamos recuperarnos de la codependencia, con los mismos cuidados que tomamos para tratar cualquiera otra enfermedad. Este pensamiento nos trae a muchos de nosotros, una sensación de aceptación constante acerca de nuestra codependencia, mientras caminamos la ruta de la recuperación. Tal como compartió una persona en nuestro grupo: "cuando escuché a otros referir a la codependencia como una enfermedad, tuve sensaciones de liberación sobre mi responsabilidad por mi codependencia. Pude liberarme de la vergüenza y de la culpa, y avanzar".

El diccionario Webster define enfermedad como: "una condición en el cuerpo de algún ser vivo -animal o planta- o de alguna de sus partes, que daña el desempeño de una función vital: padecimiento, trastorno, sufrimiento, perturbación, molestia, decaimiento, alteración o desarrollo dañino". Es en el espíritu de esta definición que nuestro grupo de conciencia votó el uso de esta palabra como la descripción de la codependencia.

Nuestros grupos de estudio sobre las Tradiciones evidenciaron que ellas ofrecen guías esenciales para nuestro trabajo de servicio y para vivir nuestro Programa. Reconocemos la necesidad de ser firmes en nuestra filiación a las Tradiciones. Creemos que las Tradiciones son al grupo lo que los Pasos al individuo. Se profundizó nuestra comprensión de la interrelación entre los Pasos y las Tradiciones. Vimos que la conciencia ganada en nuestro trabajo de los Pasos, puede usarse en la aplicación de las Tradiciones en nuestro trabajo de servicio, en nuestras juntas y en nuestro trabajo mutuo. Podemos aprender a vivir nuestra recuperación en servicio y enfocarnos en CoDA, en conjunto, en su totalidad.

Como codependientes, reconocemos que somos personas incapaces de manejar nuestras vidas y nuestras relaciones. Sin importar nuestros asuntos, encontramos nuestra esperanza en una solución común: los Doce Pasos y las Doce Tradiciones. No necesitamos comprender cómo ni por qué funcionan los Pasos y las Tradiciones, sino confiar en que así es: funcionan. Esta confianza no está fuera de lugar. Entre nosotros existen quienes viven las Promesas del Programa. Tenemos fe de que los principios espirituales que encontramos en los Doce Pasos y Tradiciones sustentan nuestra recuperación y a nuestra Fraternidad.

Los Doce Pasos de Codependientes Anónimos* ©

1. Admitimos que éramos impotentes ante otros y que nuestra vida se había vuelto ingobernable.

2. Llegamos al convencimiento de que un Poder Superior podría restaurar nuestro sano juicio.

3. Decidimos poner nuestra voluntad y nuestra vida al cuidado de Dios, como cada uno entendemos a Dios.

4. Sin miedo, hicimos un minucioso inventario moral de nosotros mismos.

5. Admitimos ante Dios, ante nosotros mismos y ante otro ser humano la naturaleza exacta de nuestros errores.

6. Estuvimos enteramente dispuestos a dejar que Dios nos liberase de todos nuestros defectos de carácter.

7. Humildemente le pedimos a Dios que nos libere de nuestros defectos.

8. Hicimos una lista de todas aquellas personas a quienes habíamos ofendido y estuvimos dispuestos a reparar el daño que les causamos.

9. Reparamos directamente a cuantos nos fue posible el daño causado, excepto cuando el hacerlo implicaba perjuicio para ellos o para otros.

10. Continuamos haciendo nuestro inventario personal y cuando nos equivocábamos lo admitíamos inmediatamente.

11. Buscamos a través de la oración y de la meditación mejorar nuestro contacto consciente con Dios, tal como nosotros lo concebimos, pidiéndole solamente nos dejase conocer su voluntad para con nosotros y nos diese la fortaleza para cumplirla.

12. Habiendo obtenido un despertar espiritual como resultado de estos pasos, tratamos de llevar el mensaje a otros codependientes y de practicar estos principios en todos nuestros asuntos.

---

* Los Doce Pasos y las Doce Tradiciones son reimpresos y adaptados con permiso de Servicios Mundiales de Alcohólicos Anónimos, Inc. El permiso para reimprimir y adaptar este material no significa que A.A. haya revisado o aprobado el contenido de esta publicación, ni que A.A. está de acuerdo con los puntos de vista expresados aquí. A.A. es un programa para recuperarse del alcoholismo únicamente. El uso de los Doce Pasos y las Doce Tradiciones en relación con los programas y actividades que son modelados de las usadas por A.A., pero que tratan otros problemas, no implica otra cosa.

Los doce pasos de A.A.:
1 Admitimos que éramos impotentes ante el alcohol y que nuestras vidas se habían vuelto ingobernables. 2 Llegamos al convencimiento de que un Poder Superior podría devolvernos el sano juicio. 3 Decidimos poner nuestras voluntades y nuestras vidas al cuidado de Dios, como nosotros lo concebimos. 4 Sin miedo hicimos un minucioso inventario moral de nosotros mismos. 5 Admitimos ante Dios, ante nosotros mismos y ante otro ser humano, la naturaleza exacta de nuestros defectos. 6 Estuvimos enteramente dispuestos a dejar que Dios nos liberase de todos estos defectos de carácter. 7 Humildemente le pedimos que nos liberase de nuestros defectos. 8 Hicimos una lista de todas aquellas personas a quienes habíamos ofendido y estuvimos dispuestos a reparar el daño que les causamos. 9 Reparamos directamente a cuantos nos fue posible el daño causado, excepto cuando el hacerlo implicaba perjuicio para ellos o para otros. 10 Continuamos haciendo nuestro inventario personal y cuando nos equivocábamos lo admitíamos inmediatamente. 11 Buscamos a través de la oración y la meditación mejorar nuestro contacto consciente con Dios, como nosotros lo concebimos, pidiéndole solamente que nos dejase conocer su voluntad para con nosotros y nos diese la fortaleza para cumplirla. 12 Habiendo obtenido un despertar espiritual como resultado de estos pasos, tratamos de llevar este mensaje a los alcohólicos y de practicar estos principios en todos nuestros asuntos.

Las Doce Tradiciones de Codependientes Anónimos* ©

1. Nuestro bienestar común debe tener la preferencia; la recuperación personal depende de la unidad de CoDA.

2. Para el propósito de nuestro grupo sólo existe una autoridad fundamental: un Poder Superior amoroso que se expresa en la conciencia de nuestro grupo. Nuestros líderes son sólo servidores de confianza; no gobiernan.

3. El único requisito para ser miembro de CoDA es desear relaciones sanas y amorosas.

4. Cada grupo debe mantenerse autónomo, excepto en asuntos que afecten a otros grupos o a CoDA como un todo.

5. Cada grupo tiene un solo objetivo primordial: llevar el mensaje a otros codependientes que aún sufren.

6. Un grupo de CoDA nunca debe respaldar, financiar o prestar el nombre de CoDA a ninguna entidad allegada o empresa ajena para evitar que los problemas de dinero, propiedad y prestigio nos desvíen de nuestro objetivo espiritual primordial.

7. Todo grupo de CoDA debe mantenerse completamente a sí mismo, negándose a recibir contribuciones de afuera.

8. Codependientes Anónimos siempre debe mantener su carácter no profesional, pero nuestros Centros de Servicio pueden emplear trabajadores especiales.

9. CoDA, como tal, nunca debe ser organizada; pero podemos crear juntas o comités de servicio que sean directamente responsables ante aquellos a quienes sirven.

10. CoDA no tiene opinión acerca de asuntos ajenos; por consiguiente, su nombre nunca debe mezclarse en controversias públicas.

11. Nuestra política de relaciones públicas se basa en atracción más que en promoción; nosotros necesitamos mantener el anonimato personal ante la prensa, radio y cine.

12. El anonimato es la base espiritual de todas nuestras tradiciones, recordándonos siempre anteponer los principios a las personalidades.

---

* Los Doce Pasos y las Doce Tradiciones son reimpresos y adaptados con permiso de Servicios Mundiales de Alcohólicos Anónimos, Inc. El permiso para reimprimir y adaptar este material no significa que A.A. haya revisado o aprobado el contenido de esta publicación, ni que A.A. está de acuerdo con los puntos de vista expresados aquí. A.A. es un programa para recuperarse del alcoholismo únicamente. El uso de los Doce Pasos y las Doce Tradiciones en relación con los programas y actividades que son modelados de las usadas por A.A., pero que tratan otros problemas, no implica otra cosa.

Las doce tradiciones de A.A.:
1 Nuestro bienestar común debe tener la preferencia; la recuperación personal depende de la unidad de A.A. 2 Para el propósito de nuestro grupo sólo existe una autoridad fundamental: un Dios amoroso que puede manifestarse en la conciencia de nuestro grupo. Nuestros líderes no son más que servidores de confianza. No gobiernan. 3 El único requisito para ser miembro de A.A. es querer dejar la bebida. 4 Cada grupo debe ser autónomo, excepto en asuntos que afecten a otros grupos o a A.A., considerado como un todo. 5 Cada grupo tiene un solo objetivo primordial: llevar el mensaje al alcohólico que aún está sufriendo. 6 Un grupo de A.A. nunca debe respaldar, financiar o prestar el nombre de A.A. a ninguna entidad allegada o empresa ajena, para evitar que los problemas de dinero, propiedad y prestigio nos desvíen de nuestro objetivo primordial. 7 Todo grupo de A.A. debe mantenerse completamente a sí mismo, negándose a recibir contribuciones de afuera. 8 A.A. nunca tendrá carácter profesional, pero nuestros centros de servicio pueden emplear trabajadores especiales. 9 A.A. como tal nunca debe ser organizada; pero podemos crear juntas o comités de servicio que sean directamente responsables ante aquellos a quienes sirven. 10 A.A. no tiene opinión acerca de asuntos ajenos a sus actividades; por consiguiente su nombre nunca debe mezclarse en polémicas públicas. 11 Nuestra política de relaciones públicas se basa más bien en la atracción que en la promoción; necesitamos mantener siempre nuestro anonimato personal ante la prensa, la radio y el cine. 12 El anonimato es la base espiritual de todas nuestras Tradiciones, recordándonos siempre anteponer los principios a las personalidades.

Las Doce Promesas de Codependientes Anónimos ©

Puedo experimentar un cambio milagroso en mi vida si aplico el Programa de Codependientes Anónimos. Mientras trabajo con esfuerzo y honestidad los Doce Pasos y las Doce Tradiciones…

1. Reconozco una nueva sensación de pertenencia. Mis sentimientos de vacío y de soledad desaparecerán.

2. Ya no me controlan mis miedos. Puedo sobreponerme a ellos y actuar con valor, integridad y dignidad.

3. Conozco una nueva libertad.

4. Me libero de las preocupaciones, de las culpas y del pesar que me causan el pasado y el presente. Estoy suficientemente alerta para no permitir que se repitan.

5. Reconozco en mí un nuevo amor y una nueva aceptación de mí mismo y de los otros. Me siento genuinamente merecedor de ser amado, amoroso y amable.

6. Aprendo a mirarme a mí mismo como igual a los otros. Mis nuevas y renovadas relaciones están basadas en la igualdad de ambas partes.

7. Soy capaz de desarrollar y mantener relaciones sanas y amorosas. La necesidad de controlar y manipular a los demás desaparecerá en la medida en que aprenda a confiar en personas dignas de confianza.

8. Aprendo que es posible recuperarme y convertirme en una persona más amorosa, íntima y capaz de ofrecer apoyo apropiado. Tengo la elección de comunicarme con mi familia en forma segura para mí y respetuosa para ellos.

9. Reconozco que soy una creación única y preciosa.

10. Ya no necesito depender sólo de los otros para que me provean mi sentido de valor.

11. Tengo la confianza de recibir la guía de mi Poder Superior y llego a creer en mis propias capacidades.

12. Gradualmente, experimento serenidad, fortaleza interior y crecimiento espiritual en mi vida diaria.

> *Admitimos que éramos impotentes ante otros y que nuestra vida se había vuelto ingobernable.*
> —Primer Paso

Con el Primer Paso, comienza nuestra relación con los Pasos de Codependientes Anónimos. Admitimos que éramos impotentes ante nuestra enfermedad de la codependencia, ante nosotros mismos y ante otros. Conforme lo hacemos, muchos de nosotros comienzan a experimentar una sensación de pertenencia y vemos que no estamos solos. A pesar de que nuestro comportamiento puede sentirse incómodo, nosotros podemos reconocer cada situación en nuestras vidas –una a la vez— con los Pasos, comenzando con el Paso Uno. Podemos detener nuestro afán de controlar; y comenzamos a establecer una relación con nosotros mismos.

Al afirmar que somos impotentes ante nuestra enfermedad en voz alta en las juntas de grupo, para nosotros comienza el camino de la verdad. Comenzamos a identificar a qué somos impotentes y vemos las manifestaciones de nuestra enfermedad. Aprendemos a identificar algunas de las "creencias falsas" que se nos enseñaron: nos hacemos conscientes que la impotencia no significa debilidad; que controlar a otros no nos hace sentirnos seguros; que al mirar a otros para encontrar dirección, no encontramos apoyo en nuestro vivir ni en nuestra vida; que juzgar a otros no es nuestro asunto; y que creernos todo-poderosos es doloroso. Nos vamos haciendo conscientes de cómo pueden controlarnos nuestros patrones mentales repetitivos, que resuenan en nuestra cabeza. Descubrimos que pensar en términos de "blanco y negro" o de "correcto-incorrecto", nos hacía limitados y rígidos.

A medida que trabajamos el Primer Paso, empezamos a encontrar las herramientas de la recuperación. Para vivir el proceso de auto-identificación que se requiere en el Primer Paso, muchos de nosotros encontramos que es útil usar la literatura de CoDA, así como escuchar a otros cuando comparten las características de su codependencia. Nos enfocamos en nosotros mismos y nos esforzamos para mantenernos en el presente. Comenzamos a reconocer a un Poder Superior. Cuando comenzamos a soltar, dejamos de sentirnos responsables de los otros. Soltamos la opinión de otros sobre nosotros, sabiendo que somos adultos y tenemos elecciones. Aprendemos a preguntarnos "¿Qué quiero?", "¿Qué pienso, qué opino?" y "¿Qué siento?". Podemos escribir una lista para recordar las herramientas que sustentan nuestra recuperación. Podemos estar quietos y conectar con nuestro Poder Superior. Comenzamos a establecer límites sanos (irnos, llamar a alguien, dar la vuelta a la manzana) para cuidar mejor de nosotros mismos. Aprendemos que hemos hecho lo suficiente cuando nos es posible: hacemos caso de nuestros instintos, rezamos, escribimos o hacemos conciencia de que no necesitamos tomar decisiones de inmediato. También aprendemos que no es necesario que nos guste lo que aceptamos. Aprendemos las lecciones de la verdadera humildad y somos conscientes de no tener todas las respuestas. Cuando comenzamos a soltar el control, nos capacitamos mejor para aceptar las realidades que vivimos todos los humanos. Encontramos la paz.

Nuestras vidas son diferentes y satisfactorias cuando queremos trabajar este Paso. Experimentamos libertad, integridad personal y empoderamiento propio. Desarrollamos un interés genuino en nuestro cuidado personal y honramos nuestra intuición y estas conductas se convierten en prioritarias. Cuando soltamos nuestra necesidad de controlar a otros, comenzamos a enfocar nuestra atención en lo que sí podemos cuidar: A NOSOTROS MISMOS. No damos tiempo y actuamos con gracia y dignidad. Cuando nos conectamos con nosotros mismos en este Paso, comenzamos a tener fe en nuestra capacidad de cambio, y aprendemos a liberar nuestros miedos. Comenzamos a reconocer que somos valiosos y apreciables. Podemos decir "gracias" y darnos afirmaciones positivas todos los días.

Admitimos que éramos impotentes ante otros y que nuestra vida se había vuelto ingobernable.
—Primer Paso

Estas preguntas tienen la intención de ayudarte a trabajar el Primer Paso:

- ¿Estoy controlando? ¿Cómo lo hago?

- ¿Qué diferencia existe entre mi impotencia y mi empoderamiento?

- Cuando suelto a otros, ¿En qué reside mi verdadero poder? ¿Cómo se convierte mi vida en gobernable?

- ¿Cómo suelto lo que otros pudiesen opinar o pensar? ¿Cómo cuido de mí mismo? ¿Cómo me ayuda en esta tarea mi aceptación de "ser impotente ante otros"?

- ¿Cuáles características codependientes -defectos de carácter- me impiden hacer mi Primer Paso?

- ¿Por qué dice este Paso "admitimos que éramos impotentes", en lugar de "yo era impotente"?

- ¿Qué significa "impotente" e "ingobernabilidad" para mí, hoy?

- ¿Cuáles son mis señales de estar en negación?

- ¿Qué significa rendirme? ¿Por qué necesito rendirme? ¿Ante qué necesito rendirme?

- ¿Cuándo sé que he hecho lo suficiente?

- ¿Cuáles son los síntomas y los signos de mi ingobernabilidad? (Haz una lista).

- ¿Qué es lo que quiero controlar?

- ¿Acaso deseo tener conciencia de que –al tratar de cambiar a alguien- provoco ingobernabilidad, hostilidad y resentimiento?

- ¿Acaso soy impotente ante mis conductas codependientes?

NOTAS

NOTAS

NOTAS

NOTAS

Nuestro bienestar común debe tener la preferencia.
La recuperación personal depende de la unidad de CoDA.
—Primera Tradición

Al comenzar con la Primera Tradición, practicamos nuevas conductas y seguimos nuevas pautas con el fin de reestructurar nuestras vidas en la recuperación. Nos disponemos a soltar nuestros egos y agendas personales para apoyar el bienestar común de CoDA. Aprendemos a decir nuestra verdad y permitimos a otros el mismo privilegio. Honramos el proceso de conciencia de grupo, reconociendo a nuestro Poder Superior; soltamos nuestra necesidad de controlar el resultado y aceptamos las decisiones de la conciencia de grupo.

La primera Tradición nos da soporte en todos los aspectos de nuestro trabajo de servicio, sin importar que sea individual, en grupo, en un área o en niveles estatales y nacionales. Nos ayuda a crear un ambiente funcional en el que es posible atender los asuntos de Codependientes Anónimos. Reconocemos que resguardar el espíritu de la Primera Tradición es esencial para trabajar con otros. Puesto que nos hemos dado cuenta de nuestras dificultades para conformar y mantener relaciones funcionales, consultamos la Primera Tradición: nuestro bienestar común debe tener la preferencia y la recuperación personal depende de la unidad.

Cuando hacemos nuestro trabajo de servicio, aparecen los asuntos del Primer Paso. Nos encontramos queriendo controlar y podemos incluso intentar manipular a las personas, lugares y asuntos, según nuestras ideas rígidas de cómo deberían ser. Muy bien podríamos querer convertirnos en el Poder Superior o creer que nosotros debemos tener las respuestas "correctas". Podemos ver a los otros como nuestro Poder Superior y creer que ellos nos proveerán de las respuestas. Podemos aferrarnos a nuestras propias opiniones o ver las diferencias con otros como ataques o como amenazas. Necesitamos poner la atención exactamente donde le corresponde estar: en nuestro bienestar común del que depende la unidad de nuestro programa. Al aplicar activamente los principios de nuestro programa, nosotros vemos que ni el control, ni la complicidad sostienen nuestro bienestar común, ni nuestra unidad. Aprendemos a escuchar, abrir nuestras mentes y nuestros corazones y hacer espacio para un Poder Superior. Buscamos la serenidad dentro de nosotros.

La Primera Tradición nos da la oportunidad de reestructurar nuestras vidas fuera de las juntas de Codependientes Anónimos. La Primera Tradición es útil como guía conforme aprendemos a practicar la recuperación en nuestra vida diaria. Nuevamente abrimos espacio para un Poder Superior y soltamos nuestra necedad respecto de cómo deberían ser las cosas. Aprendemos a cuidar de nosotros mismos al identificar nuestras necesidades, sentimientos y límites. Permitimos que los otros hagan lo mismo. Cuidar de nuestras necesidades es sano. Permitir que los otros cuiden de sus necesidades es la base de la estructura de un ambiente seguro y amoroso. Resulta ideal que lo primordial sea nuestro bienestar común y nuestra unidad, de modo que se convierta en realidad nuestra recuperación en CoDA, así como en nuestras familias y en otras relaciones.

Con la conciencia profunda de la Primera Tradición, comenzamos a comprender verdaderamente cuán importante es la unidad del grupo para nuestra recuperación personal. Sin una fuerte estructura espiritual, la mayoría de nosotros creemos que a través del tiempo, Codependientes Anónimos cesaría de existir. Por ello, sin la práctica consistente de esta Tradición no habría lugar para la recuperación. Aún el proceso simple de decir en una junta "Soy María y soy codependiente" y de escuchar que el grupo entero repita nuestro nombre al saludarnos, promueve nuestro bienestar común. Nos identificamos como codependientes y reconocemos que hay un lugar para cada uno de nosotros en nuestro programa. Este proceso nos permite la aceptación y nos ayuda a recordar que nadie es más importante que el otro, y que todos compartimos una condición común: nuestra codependencia.

*Nuestro bienestar común debe tener la preferencia
y la recuperación personal depende de la unidad de CoDA*
—Primera Tradición

Estas preguntas se formularon para ayudarte a trabajar con la Primera Tradición:

- ¿Por qué es tan importante la unidad de CoDA para mi recuperación personal?

- ¿Cuando antepongo el bienestar de CoDA, acaso tengo que ceder algo?

- ¿Cómo es que al honrar a los Doce Pasos y las Doce Tradiciones (bienestar común y unidad) crea un lugar para mi recuperación personal?

- ¿Qué significa la unidad de CoDA?

- ¿Qué significa nuestro bienestar común?

- ¿Cómo puede apoyarme esta Primera Tradición en todas mis relaciones?

- ¿Cómo me apoya el ambiente que me rodea en mi vida diaria?

- ¿Cómo me puedo valorar a mí mismo (a) apropiadamente, y aún así anteponer el bienestar común?

- ¿Qué herramientas puedo usar para recordar que los otros necesitan mantener sus propias opiniones?

- ¿Qué significa esta frase?: "No lo puedo conservar, si no lo suelto". ¿Cómo se aplica a la Primera Tradición?

NOTAS

NOTAS

NOTAS

NOTAS

*Llegamos al convencimiento de que un Poder Superior
podría restaurar nuestro sano juicio.*
—Segundo Paso

Si hemos admitido nuestra impotencia en el Primer Paso, el Segundo Paso nos pide confiar. Reconocemos nuestra necesidad de creer y depender de algo más grande que nosotros mismos. Para muchos de nosotros esta es la primera vez que podemos reconocer que no somos el centro del universo. Hay un plan y un poder más grande que nosotros mismos, uno que nunca podríamos haber imaginado por nuestra cuenta. Podemos reconocer las dolorosas consecuencias de permitir que otros sean este Poder Superior. Podemos experimentar la humildad y aliviarnos de nuestra grandiosidad y de nuestra obsesión por controlar. Nosotros no somos "el poder más grande que nosotros mismos", tampoco los otros pueden ser ese poder para nosotros. Comenzamos a ver cómo estos patrones de pensamiento y de conducta crearon ingobernabilidad en nuestras vidas. Creer en un "Poder más grande que nosotros mismos" nos puede devolver el sano juicio… si estamos dispuestos.

De niños nuestros padres y otras personas eran ese "poder más grande que nosotros mismos". Si estas experiencias nos dejaron incapacitados para confiar, es posible que se nos dificulte depender de algo o de alguien, incluso de nosotros mismos. Pudimos haber aprendido que este "poder más grande que nosotros mismos" era castigador, malo, implacable o no disponible. También podemos haber creído que no éramos dignos de ser amados y de recibir guía. Cuando buscamos ayuda, soltar el control puede convertirse en una perspectiva aterrorizante.

A estas alturas, podemos recordar que el programa nos permite una completa libertad para definir a nuestro propio Poder Superior. Algunos de nosotros encontramos que nuestra definición y nuestra relación con un Poder Superior cambian a través del tiempo. Cada uno de nosotros comienza con cualquier creencia que lo provea de mayor consuelo, y usa el grado de fe que tenga en ese momento. Para algunos el Poder Superior es la armonía del universo o la fortaleza que ofrecen las juntas. Para otros puede ser Dios, el Amor, la Naturaleza o para una miembro -incluso- su chancla vieja. Algunos de nosotros depositamos nuestra fe en quienes han venido a la recuperación antes que nosotros, y creemos porque ellos creen. Nuestras definiciones importan menos que nuestra disposición de trabajar el Segundo Paso. Aún así, las experiencias en nuestro grupo nos muestran cuan importante es confiar en que este Poder cuida de nosotros, tiene nuestros mejores intereses en su corazón y puede ofrecernos la guía que nosotros buscamos.

El Segundo Paso es una parte cotidiana de nuestro programa de recuperación. Las palabras "llegamos a creer" nos recuerdan que este es un proceso. Nuestra fe y serenidad crecen y se ahondan a través de nuestra disposición para confiar en este proceso. Usamos las herramientas de nuestro programa. Podemos trabajar sobre nuestra disposición y nuestro deseo de creer al asistir a las juntas, escuchar a otros, sentir nuestras emociones, encontrar a un padrino o una madrina, rezar y meditar. Cuando dejamos de controlar podemos relajarnos y recordar que no estamos a cargo y que podemos pedir la guía de un Poder Superior. Al trabajar el Segundo Paso, llegamos a creer que este "poder más grande que nosotros mismos" puede devolvernos el sano juicio.

*Llegamos al convencimiento de que un Poder Superior
podría restaurar nuestro sano juicio.*
—Segundo Paso

Estas preguntas tienen la intención de ayudarte a trabajar el Segundo Paso:

- ¿Necesito creer en algún poder diferente al mío?

- ¿Qué me impide, si así lo hubiera, creer en un poder más grande que yo mismo?

- ¿Cómo puedo encontrar a mi Poder Superior?

- ¿Qué atributos tiene mi Poder Superior? ¿Cómo me sostiene?

- ¿Qué significa para mí "llegamos a creer"?

- ¿Qué significa para mi "un poder más grande que nosotros"?

- ¿Qué significa para mi "devolvernos el sano juicio"?

- Sólo por hoy ¿Qué significa sano juicio para mí?

- ¿Cuál era mi imagen de un Poder Superior antes de llegar a CoDA?

- ¿Cómo se manifiestan en mi vida la grandiosidad y mi obsesión por controlar?

- Como resultado de trabajar el Segundo Paso, ¿Qué nuevas conductas estoy trabajando? ¿De qué maneras sufro aún?

NOTAS

NOTAS

NOTAS

NOTAS

Para el propósito de nuestro grupo sólo existe una autoridad fundamental: un Poder Superior amoroso que se expresa en la conciencia de nuestro grupo. Nuestros líderes son sólo servidores de confianza; no gobiernan.
—Segunda Tradición

La Segunda Tradición nos recuerda que un amoroso Poder Superior es más grande que el individuo, el grupo o el servidor de confianza. Esta Tradición nos permite experimentar humildad al reconocer de dónde nos viene la guía. Y enfatiza que ninguna persona es líder, no hace planes, ni provee respuestas para el grupo. El proceso de conciencia de grupo nos ofrece seguridad porque no hay diálogos cruzados, argumentos, ni vergüenza. Nosotros nos disponemos a decir nuestra verdad, a permanecer abiertos a las opiniones de otros y a soltar los resultados. Escuchamos lo que se dice, en lugar de fijarnos en quién lo dice.

Al saber que cuidamos de nosotros mismos, experimentamos nuestras sensaciones de vulnerabilidad. Se nos da la oportunidad de decir que hemos cambiado de opinión. Nos liberamos de nuestros pensamientos de blanco o negro, todo o nada, tal como: "si yo estoy bien, entonces tú estás mal" o "yo debo tener todas las respuestas". Al saber que los miembros del grupo sólo pueden hablar desde su propio lugar en la recuperación, luchamos por evitar los juicios entre nosotros. Creemos en el progreso, no en la perfección y honramos los resultados de la conciencia de grupo.

Aceptamos a la conciencia de grupo como nuestra autoridad última. La Segunda Tradición permite a todos tener su propio concepto de Poder Superior y de compartirlo en las juntas. Comenzamos a experimentar humildad en nuestras vidas. Soltamos la compulsión de encargarnos de más asuntos de los que podemos manejar. Como servidores de confianza no creamos directrices sino que recibimos guía de la Fraternidad. Soltamos nuestras agendas, confiamos en la conciencia de grupo y recordamos que no nos tiene que gustar todo lo que aceptamos.

Además de nuestra comprensión de lo que significa ser un servidor de confianza, la Segunda Tradición comienza a definir la estructura de nuestro programa:

- Un Poder Superior amoroso
- Una conciencia de grupo
- Servidores de confianza

La estructura de la Segunda Tradición provee unidad y, con unidad, nos podemos recuperar.

Según nuestros viejos patrones de pensamiento, debíamos tener todas la respuestas inmediatamente, algunas veces incluso antes de que se formularan las preguntas. Hoy, conforme trabajamos nuestro programa aprendemos elegir nuestras respuestas, en lugar de reaccionar inmediatamente. De manera ideal, los asuntos que se tratan en niveles locales, regionales, estatales o nacionales se votan, luego de haber atravesado el proceso de conciencia de grupo en cada uno de dichos niveles. Como servidores de confianza hemos descubierto que es muy útil esperar un lapso después de que se presenta cada inquietud. Esto permite que los miembros tengan tiempo para meditar y experimentar un contacto consciente con su Poder Superior antes de alcanzar las decisiones de la conciencia de grupo. Hay muy pocos asuntos que requieren una decisión inmediata. Por eso, en cada nivel se sostiene una discusión de modo que todos los miembros tengan la oportunidad de expresar su opinión individual o grupal. Esto permite que el Poder Superior trabaje en cada nivel de la Fraternidad.

Para el propósito de nuestro grupo sólo existe una autoridad fundamental: un Poder Superior amoroso que se expresa en la conciencia de nuestro grupo. Nuestros líderes son sólo servidores de confianza; no gobiernan.
—Segunda Tradición

Estas preguntas tienen la intención de ayudarte a trabajar en la Segunda Tradición:

- ¿A la luz de la Segunda Tradición qué significa para ti hoy un "amoroso Poder Superior"?

- ¿Qué hace la conciencia de grupo para establecer la estructura de CoDA?

- ¿Cómo me ayuda la Segunda Tradición para aceptar la conciencia de grupo?

- ¿Cómo aprendo a confiar en mi Poder Superior?

- ¿Cómo me ayuda mi Poder Superior a confiar en mí mismo?

- ¿Cómo se relaciona la Segunda tradición con el Segundo Paso?

- ¿Qué significa para mí "nuestros líderes sólo son servidores de confianza"? ¿Se excluyen mutuamente las expresiones servidores de confianza y líderes?

- ¿Cómo se relaciona con mi recuperación participar como un servidor de confianza?

- ¿De qué manera la humildad me acerca a la serenidad?

- ¿Por qué la palabra "amoroso" es tan importante en la aplicación de la Segunda Tradición?

- ¿Cómo practica mi grupo la Segunda Tradición?

NOTAS

NOTAS

NOTAS

NOTAS

*Decidimos poner nuestra voluntad y nuestra vida al cuidado de Dios,
como cada uno entendemos a Dios.*
—Tercer Paso

El Tercer Paso nos ofrece la oportunidad de decidir y de tener fe en un poder más grande que nosotros mismos. Muchos de nosotros comenzamos a trabajar este Paso con los asuntos pequeños, tal como decidir "arreglar" o no a alguien, permitir que nuestros sentimientos se manifiesten y sólo estén ahí; o no tratar de controlar sólo por unos minutos, cada vez. Cuando experimentamos los beneficios de trabajar el Tercer Paso nos encontramos más dispuestos a confiar en el cuidado de un amoroso Poder Superior y a experimentar la fe.

El principal propósito de este Paso es empezar a vivir nuestra vida de una manera nueva. Al fin, tenemos herramientas que funcionan y que nos proveen de la libertad y aceptación que fuimos incapaces de encontrar a través de nuestra propia fuerza de voluntad. Este Paso sugiere estar dispuestos para vivir esta decisión. Nos rendimos al Poder Superior como lo entendemos. Cuando hacemos esto comenzamos a vivir las relaciones con nosotros mismos y con los otros de modos nuevos y más satisfactorios. Conforme desarrollamos el valor y la disposición que se requieren en el Tercer Paso, muchos de nosotros reconocemos y creemos que somos parte del plan Divino, y crecientemente somos capaces de reconocer la intención de Dios en cada uno de nosotros, y de dejar de ver en los otros a nuestro Poder Superior.

Como codependientes, nuestro (s) dios (es) frecuentemente han sido otras poderosas fuerzas. Quizá hemos sido gobernados por el miedo, el enojo, el resentimiento, la culpa y la urgencia de cuidar, o de ser cuidados, por aquellos a quienes investimos de "autoridad" para gobernar nuestras vidas. En el Tercer Paso, empezamos a soltar esas poderosas fuerzas que nos han controlado para alinear nuestros pensamientos, sentimientos y acciones con un Poder Superior.

Soltar puede verse como una decisión para confiar en un Poder Superior. Permitir la guía de Dios es vivir bajo Su fuerza y hacer nuestro mejor intento para actuar haciendo lo necesario en el cuidado de nosotros mismos - sólo por hoy- , sin insistir en controlar los resultados de mañana. Puede ser atemorizante confiar en algo que no vemos y tener fe de que todo ocurre según un plan, especialmente cuando no pudimos confiar en nuestros padres ni en las figuras de autoridad durante nuestra infancia. Sin embargo, muchos de nosotros encontramos que nuestros esfuerzos valen la pena. Podemos aceptar nuestro miedo, pedir la guía de nuestro Poder Superior y practicar la fe. Así, nos damos permiso de iniciar el desarrollo de cualquier cantidad de fe que tengamos.

Algunos de nosotros creímos que tomar la decisión de "poner nuestra vida y nuestra voluntad al cuidado de Dios" significaba renunciar a nosotros mismos: nuestros pensamientos, deseos y sentimientos. En efecto, por muchos años nosotros perdimos nuestro sentido de identidad y de autonomía. Nuestro miedo a esto puede causar gran resistencia -al Tercer Paso-. Muchos de nosotros encontramos confort en aquellos codependientes que nos preceden, cuando constatamos la manera como este Tercer Paso los transformó en las personas que estaban llamadas a ser.

Podemos permitirnos ser arropados en el cuidado y en la fe. Aprendemos a estar en el momento presente y vivir la voluntad de Dios para nosotros. Podemos soltar los intentos inútiles de controlar, de que todo esté bien para nosotros y de proteger a los demás. Encontramos valor en nuestro Poder Superior: la habilidad de ser quienes somos y como somos. Podemos desarrollar fe en nosotros mismos, con la ayuda de un Poder Superior y aprendemos a entender que nuestras respuestas sólo son para nosotros mismos.

Sentir urgencia, resentimiento o tener la necesidad de hacer algo diferente, son todas señales de que necesitamos soltar y trabajar nuestro Tercer Paso. Las afirmaciones positivas sostienen nuestra nueva conducta; usamos estas afirmaciones para desplazar los viejos patrones en nuestra cabeza y abrirnos a la voluntad de nuestro Poder Superior para cada uno de nosotros. Aprender nuevas conductas toma tiempo. ¡Nos damos permiso de ser humanos!

Podemos soltar y los milagros comienzan a ocurrir. Sentimos las recompensas que ofrecen este Paso y el programa. Entre más confiamos en este proceso más fácilmente podemos soltar; aprendemos a practicar la paciencia y la aceptación. Nuestra vida se transforma en resultados cuando nosotros aceptamos con el Primer Paso, tenemos fe con el Segundo, y soltamos con el Tercero. Decidimos "poner nuestra vida y nuestra voluntad al cuidado de nuestro Poder Superior, tal como lo concebimos", una y otra vez. La vigilancia constante en nuestro programa parece esencial para los codependientes. Y muchos encontramos una gran libertad de acción cotidiana al practicar y renovarnos con el Tercer Paso.

Herramientas

Las siguientes son algunas herramientas que tenemos disponibles para trabajar en el Paso Tres. Estas herramientas han sido ofrecidas libremente por miembros de CoDA en el espíritu de luz, amor y esperanza de recuperación.

- Reconocer que somos codependientes y necesitamos la ayuda de nuestro Poder Superior a fin de recuperarnos completamente.

- Dejar salir de manera que nuestro Poder Superior pueda trabajar en nuestras vidas.

- Estar tranquilos, aceptar nuestros sentimientos y no tener que hacer algo para que nuestros sentimientos desaparezcan.

- Pedir ayuda a nuestro Ser Superior, reconocer que no tenemos que hacerlo solos.

- Hacer una llamada telefónica a nuestro patrocinador o a otras personas en recuperación.

- Regresar al Primer Paso (admitir nuestra impotencia), pasar al Segundo Paso (reconocer nuestra creencia en un Poder Superior), y trabajar el Paso Tres (aceptar que nuestro Poder Superior tiene un plan para nosotros más grande del que podríamos g imaginar, y dejar salir).

- Usar la Oración de la Serenidad u otra oración favorita o meditación para reconectarse a nuestro programa.

- Recordarnos a situaciones anteriores en las que dejamos salir y posteriormente descubrimos que las cosas funcionaron bien.

- Reflexionar sobre el hecho de que es posible que no entendamos a Dios.

- Repetir la afirmación "Soy capaz de cambiar."

- Hacerse la pregunta: "¿Estoy listo para dejar salir y aceptar a Dios?"

- Entender (a menudo por primera vez) que no tenemos, ni necesitamos tener, todas las respuestas.

- Reconocer que podemos entregar las cosas al cuidado de nuestro Poder Superior, una y otra vez.

- Cuidar de los otros en la recuperación, reconocer los cambios en ellos como resultado del Tercer Paso, y tener voluntad.

- Reconocer que los viejos sentimientos pueden ser disparados por los eventos que suceden hoy y pedir la guía de Dios.

- Recordarnos que las "cosas usualmente no suceden en la forma que las planeamos; usualmente funcionan mejor"

¿Cuáles herramientas funcionan para mí?

*Decidimos poner nuestra voluntad y nuestra vida al cuidado
de Dios, como cada uno entendemos a Dios.*
—Tercer Paso

Estas preguntas tienen la intención de ayudarte a trabajar el Tercer Paso:

- ¿Qué quiere decir para mí tomar una decisión?

- ¿Cómo sé cuando necesito soltar? ¿Cómo suelto?

- ¿Qué significa para mí "como cada uno entendemos a Dios"?

- ¿Estoy listo para soltar y para dejar que Dios actúe en el gobierno de mi vida?

- ¿Qué significa para mí "al cuidado de Dios"?

- ¿Qué significa para mí "poner mi voluntad"?

- ¿Es aquí dónde soltamos nuestras expectativas y resultados? ¿Cómo es que soltar las expectativas y los resultados nos ayuda a trabajar mejor este Paso?

- ¿Cómo puedo estar en contacto con la voluntad de un Poder Superior a mí? ¿De qué manera se comunica conmigo mí Poder Superior?

- ¿Qué significa para mí, "mi voluntad y mi vida"?

- Si no puedo confiar en mí mismo ¿Cómo puedo confiar en un Poder Superior? ¿Cómo practico la confianza?

NOTAS

NOTAS

NOTAS

*El único requisito para ser miembro de CoDA
es desear relaciones sanas y amorosas.*
—Tercera Tradición

El programa de Codependientes Anónimos está abierto para cualquiera que desee tener relaciones sanas y amorosas. Puesto que su definición es muy amplia, la Tercera Tradición nos permite a cada uno de nosotros, pertenecer. Nos permite mantenernos al margen de los juicios acerca de quiénes sí o quiénes no deberían asistir a las juntas. Nosotros no podemos ver, tocar, ni definir si alguien más tiene el deseo al que se refiere esta Tradición. No importa cómo nos vemos ni en lo que creemos, no importa si somos jóvenes o viejos, tampoco importa nuestro color de piel, nuestra religión o clase socio-económica. Muchos de nosotros hemos buscado razones para no pertenecer. Al enfocarnos en nuestras diferencias nos hemos escondido detrás de nuestros miedos, por nuestra carencia de sentido de pertenencia. Esta Tradición nos ayuda a reconocer que cada uno merece la recuperación.

Muchos de nosotros encontramos alivio al leer esta Tradición o cuando la escuchamos en nuestra primera junta. Se nos da la libertad de ir a las juntas incluso si nosotros mismos minimizamos nuestra experiencia. No tuvimos que justificarnos por ser miembros de CoDA. La Tercera Tradición nos permite pertenecer e iniciar el programa de recuperación, aún sin reconocer nuestra codependencia, ni haber trabajado con nosotros mismos. Incluso si creemos que nuestra codependencia es nuestra culpa, aún si estamos en completa negación, nosotros podemos asistir a las juntas.

Podemos volvernos reflexivos respecto de esta Tradición mientras trabajamos nuestro programa con otros miembros. Podemos abrazar esta Tradición cuando se aplica a nuestra vida diaria y a nuestras relaciones con nosotros mismos y con los otros. "Tengo el deseo de relaciones sanas y amorosas" es una afirmación positiva que nos ayuda a aplicar esta Tradición. El Tercer Paso y la Tercera Tradición son directos, sin embargo para nosotros puede ser difícil tomar sus directrices. Nosotros podemos anteponer muchas cosas a esta Tradición. Podemos batallar con nuestro deseo de protegernos a nosotros mismo y de controlar a los otros. Como codependientes, podemos encontrar que tener relaciones sanas significa asumir comportamientos completamente nuevos. Cuando comenzamos nuestra recuperación batallamos con nuestras ideas acerca de lo que es "sano".

La codependencia puede ser una enfermedad muy sutil. Para tener relaciones sanas y amorosas, tenemos que decidir que esto es en verdad lo que queremos. Mantener este deseo en nuestros corazones y en nuestras mentes nos ayuda a reemplazar nuestra compulsión de protegernos en toda ocasión y a cualquier costo. La Tercera Promesa de nuestro programa establece "conozco una nueva libertad". Comenzamos a sentir esta libertad cuando tomamos la decisión de tener, en efecto, relaciones sanas y amorosas.

Antes de la recuperación vivíamos de acuerdo con lo que los otros querían en las relaciones. Cuando ponemos nuestro deseo de relaciones sanas primero, aprendemos una nueva manera de vivir. Cuando nos amamos y nos honramos, tenemos relaciones más sanas con otros. Una relación amorosa incluye honestidad, apertura, buena voluntad, aceptación y el cuidado hacia nosotros mismos, de modo que vayamos libremente hacia los otros. Aprendemos a soltar la necesidad de llenarnos con algo que viene del exterior, y aprendemos en cambio a llenarnos desde adentro, antes de establecer relaciones con otros. La lealtad hacia nosotros mismo y hacia nuestras necesidades siempre tienen que estar en primer lugar.

A media que hacemos nuestro trabajo de servicio, podemos recordar que sano = funcional = límites. Otra vez, podemos mantener la Tercera Tradición y nuestras nuevas ideas acerca de las relaciones sanas en nuestros corazones y en nuestras mentes. Si batallamos con alguien o con algo, recordamos que estamos trabajando para estar sanos. Aunque no nos guste siempre lo que está ocurriendo, podemos soltar y amar a los otros. Podemos llegar a nuestro trabajo de servicio sin expectativas; podemos soltar nuestro deseo de manipular a los otros. Aprendemos a decir nuestra verdad apropiadamente, y a escuchar y respetar a los otros.

*El único requisito para ser miembro de CoDA
es desear relaciones sanas y amorosas.*
—Tercera Tradición

Estas preguntas tienen la intención de ayudarte a trabajar la Tercera Tradición:

- ¿Qué es una relación amorosa y sana?

- ¿Qué necesito para tener relaciones sanas y amorosas?

- ¿Dónde aprendo qué es una relación sana? ¿Dónde podría encontrar algunos ejemplos?

- ¿Qué herramientas me pueden ayudar para recordar esta Tradición?

- ¿Cómo incorporo esta Tradición en mi vida diaria?

- ¿Cómo me ayuda la Tercera Tradición para realizar mi trabajo de servicio?

- ¿Qué me permite hacer esta Tradición, respecto de lo que hago normalmente?

- ¿Qué significa para mí la palabra "deseo"?

- ¿Acaso deseo para mí mismo relaciones sanas y amorosas?

- ¿Qué necesidades mías son más fuertes que mi deseo de tener relaciones sanas y amorosas (por ejemplo controlar, complacer, cuidar, etcétera)?

- ¿Qué me impediría soltar estas necesidades que describí en la respuesta anterior?

NOTAS

NOTAS

NOTAS

NOTAS

Sin miedo, hicimos un minucioso inventario moral de nosotros mismos.
—Cuarto Paso

Los tres primeros pasos proveen las bases para trabajar nuestro Cuarto Paso. En el Primer Paso admitimos que somos impotentes ante los demás. En el Segundo Paso llegamos a creer en un Poder más grande que nosotros. Luego en el Tercer Paso tomamos la decisión de entregar nuestra voluntad y nuestras vidas al cuidado de Dios, tal como entendemos a Dios. Con esta base espiritual, ahora nos enfocamos en el Cuarto Paso. Nos alistamos al hablar con nuestro padrino, a meditar y a rezar.

- ¿Cómo puedo usar el Primero, Segundo y Tercer Paso para trabajar el Cuarto Paso?

- ¿Qué significa para mí "sin miedo"?

- ¿Qué significa para mí "inventario moral"?

- ¿Qué herramientas puedo utilizar para hacer este inventario?

- ¿Cuál de los formatos enlistados en la página 49[LA1] me son cómodos para hacer mi Cuarto Paso?

El Cuarto Paso nos pide hacer "un minucioso inventario moral de nosotros, sin miedo". Este paso nos permite empezar a ver nuestra participación en nuestras vidas y relaciones. En nuestro inventario incluimos nuestras conductas y defectos de carácter que nos han dañado. Este Paso no es una invitación para ser hipercríticos o para dañarnos a nosotros mismos. Más bien nos invita a decir nuestra verdad. El proceso para hacer un inventario es una de las conductas más amorosas que podemos tener hacia nosotros. Aunque puede ser doloroso reconocer y escribir el dolor que hemos causado, es más doloroso mantenerlo encerrado en nosotros mismos.

Conforme nos preparamos para hacer nuestro Cuarto Paso, hacemos a un lado la preocupación relativa al Quinto porque nosotros sólo podemos hacer un Paso a la vez, en el orden en el que están escritos. Soltamos lo que los otros pudieran pensar, pues el asunto es ser honestos con nosotros mismos. Para algunos de nosotros, la vergüenza se convirtió en un círculo vicioso en el que estamos atrapados pues se relaciona con el tipo de vida que tuvimos, con el modo como fuimos tratados y con el resultado en que nos convertimos, puesto que creímos las mentiras que se nos dijeron cuando éramos pequeños.

Al trabajar el Cuarto Paso muchos codependientes descubrimos que compartimos ciertos defectos de carácter. Uno de nuestros principales mecanismos de control es nuestra necesidad de tener la razón, de estar en lo correcto. Se nos enseñó que tener la razón significaba estar a salvo, ser poderosos y mantener el control. Puede ser atemorizante imaginar soltar la necesidad de tener la razón, pero éste es un comportamiento viejo basado en nuestras habilidades de sobrevivencia durante la niñez. Y ya no nos resulta útil.

La obsesión o la preocupación excesiva son otras de las características de las que hemos tenido que echar mano para sobrevivir. Como compartió un compañero: "si puedo calcular, cuidar y prevenir todo lo que posiblemente puede fallar, entonces puedo estar preparado para cualquier cosa. Pero la verdad es que, sin importar cuánto me obsesiono, no estoy a cargo del Plan Divino".

Otro comportamiento codependiente común es esta incesante actitud de juzgarnos y de compararnos como menos que o más que otros. Al juzgar, criticar y comparar muchos de nosotros creímos que podíamos protegernos y evitar ser vulnerables.

A medida que enumeramos nuestros comportamientos codependientes, reconocemos los sentimientos que los acompañan. Descubrimos que podemos sentarnos quietos con estas sensaciones, incluidas las de dolor. Este un Paso muy poderoso, pues, podemos asirnos a nuestro Poder Superior, a nuestros padrinos, a la seguridad que otorga el Programa y a nuestra comunidad en recuperación. Muchos de nosotros experimentamos el crecimiento de nuestra fe en nuestro Poder Superior. Comenzamos a confiar en nosotros mismos y a tener fe en nuestra recuperación.

Un inventario personal nos ayuda a examinar los modos como la codependencia nos ha retirado de estar con nosotros mismos. Este Paso tiene como base la fe en nosotros mismos y la honestidad, así como la fe en nuestro Poder Superior. Reconocemos la pérdida y el dolor que hemos experimentado, reconocemos los comportamientos que nos obstaculizan, comenzamos a desarrollar una relación con nosotros mismos y con los otros, que se basa en la integridad. Comprender que la recuperación no ocurre con cronómetro ni con calendario, nos ayuda a aceptar que nuestra curación sucede según el tiempo de Dios.

Creer en un Poder más grande que nosotros mismos nos ayuda a soltar y a poner nuestra voluntad y nuestra vida al cuidado de Dios, tal y como entendemos a Dios. En nuestra reflexión para lograr, con valor, un inventario moral minucioso es muy importante que también enumeremos nuestras cualidades y aspectos positivos de carácter: nuestras fortalezas, valores, activos y talentos. Para muchos de nosotros es difícil incluir nuestras cualidades. En el pasado, parecía estar implicado que, al concentrarnos en nuestras cualidades, estábamos alardeando y concentrados en nosotros mismos. En la recuperación, con el fin de equilibrar nuestro esfuerzo en el Cuarto Paso, reconocemos que necesitamos aceptar nuestras fortalezas y nuestros aspectos positivos de carácter.

Descubrimos que necesitamos regresar al Cuarto Paso para aclarar asuntos de los que no éramos conscientes, conductas que ignorábamos y así reflexionar en conductas específicas para descubrir la verdad detrás de cada una de ellas. Este no es un Paso que pueda darse de un jalón ni de una sentada: esta parte de la recuperación es muy real y necesaria. Trabajamos los Pasos una y otra vez, tanto como los necesitemos.

Queremos recuperarnos de nuestra codependencia, queremos la libertad que obtenemos al hacer un inventario por escrito, según la experiencia de otros compañeros. Y así es como empezamos. En algún lugar y en cualquier punto: nosotros escribimos.

El Cuarto Paso es un Paso de acción. Los siguientes son diversos formatos que podemos utilizar para completar un Cuarto Paso por escrito.

- Tome la lista de conductas codependientes y anteceda cada conducta con la pregunta: ¿Cómo me hice daño a mi mismo o a otros al…? (Ejemplo: ¿cómo me hice daño yo o a otros al poner los deseos y necesidades de otros antes que los míos?).

- Desmenuza tu historia en grupos de edad (infancia hasta la edad de cinco años, de los cinco a los doce años; de los doce a los dieciocho, y continúa). ¿Qué conductas de codependencia observa al desarrollar cada grupo de edad? ¿Qué patrones de conducta saludable observa en cada grupo de edad?

- Llena la Tabla de Patrones y Características de la página 52.

- Llena la Tabla del Cuarto Paso de la página 55.

Además de los formatos del Cuarto Paso de arriba, también necesitamos explorar nuestras fortalezas, activos y conductas positivas. Como se sugirió en nuestro texto, Codependientes Anónimos, página 46, podemos hacer una lista para identificar nuestras conductas saludables, apropiadas y amorosas; nuestros sentimientos sobre nuestras fortalezas, activos y conductas positivas en estas relaciones; y cuando nos comportamos de forma saludable. Entonces podemos ver el progreso que hemos hecho en nuestra recuperación.

- Llena la Tabla de Atributos Positivos de la página 56.

Nota: Las 22 preguntas contenidas en la sección original del Cuarto Paso están ubicadas ahora en la parte posterior del libro de trabajo, ya que no son específicas del Cuarto Paso. Consulte las páginas 170 y 171

PATRONES Y CARACTERÍSTICAS DE LA CODEPENDENCIA

Estos patrones y características se ofrecen como herramienta para ayudar en la auto-evaluación. Pueden ser particularmente útiles para los principiantes.

PATRONES DE NEGACION: Los codependientes...
- Tienen dificultades para identificar sus sentimientos.
- Minimizan, alteran o niegan sus sentimientos.
- Se perciben a sí mismos como unas personas sin egoísmo y dedicados al bienestar de otros.
- Les falta empatía para los sentimientos y necesidades de otros.
- Etiquetan a otros con sus propias características negativas.
- Se pueden cuidar ellos mismos sin ayuda de otros.
- Enmascaran su dolor de varias maneras, como rabia, estado de ánimo o aislamiento.
- Expresan negatividad o agresión de maneras indirectas y pasivas.
- No reconocen la no disponibilidad de aquellas personas hacia las cuales sienten atracción.

PATRONES DE BAJA AUTOESTIMA: Los codependientes...
- Tienen dificultades para tomar decisiones.
- Juzgan sus pensamientos, palabras y acciones duramente, como si nunca fueran adecuadas.
- Sienten vergüenza al recibir reconocimientos, halagos o regalos.
- Valoran la aprobación de otros de sus pensamientos, sentimientos y conductas, en lugar de la propia.
- No se perciben a sí mismos como dignos de recibir amor, ni como personas valiosas.
- Constantemente buscan el reconocimiento que consideran que merecen.
- Tienen dificultades en admitir que han cometido errores.
- Necesitan dar la apariencia correcta a los ojos de otros, e incluso mienten para dar buena apariencia.
- Se sienten incapaces de pedir lo que quieren o necesitan.
- Se perciben a sí mismos como superiores a otros.
- Buscan que otros les brinden sensación de seguridad.
- Tienen dificultades para iniciar algo, cumplir con las fechas límite, y completar proyectos.
- Tienen problemas al definir las prioridades saludables.

PATRONES DE COMPLACENCIA: Los codependientes...
- Son extremadamente leales, y se mantienen en situaciones dañinas demasiado tiempo.
- Comprometen sus valores e integridad para evitar el rechazo y la ira de otras personas.
- Hacen a un lado sus sentimientos, intereses personales y diversiones para hacer lo que otros quieren.
- Son muy sensibles a los sentimientos de otros y los asumen como propios.
- Valoran más la opinión de otros y temen expresar sus puntos de vista o sentimientos, sobre todo, si difieren.
- Aceptan el sexo como sustituto del amor.
- Toman decisiones sin tener en cuenta las consecuencias.
- Renuncian a su propia verdad para obtener la aprobación de otros o evitar el cambio.

PATRONES DE CONTROL: Los codependientes...
- Creen que la mayoría de las personas son incapaces de cuidarse a sí mismas.
- Tratan de convencer a otros de lo que deben pensar y sentir.
- Ofrecen consejos y guía sin que nadie se los pida.
- Se resienten cuando otros rehúsan su ofrecimiento para ayudarlos.
- Hacen favores y regalos a las personas sobre las que quieren influir, en exceso.
- Usan el sexo para lograr aprobación y aceptación.
- Tienen que sentirse necesitados para tener una relación con los otros.
- Exigen que otros satisfagan sus necesidades.
- Utilizan el encanto y el carisma para convencer a otros de su capacidad de ser cariñosos y compasivos.
- Usan la culpa y la vergüenza para explotar emocionalmente a los otros.
- Se niegan a cooperar, hacer compromisos o negociar.
- Adoptan una actitud de indiferencia, impotencia, autoridad o rabia para manipular los resultados.
- Usan términos de recuperación en un intento de controlar la conducta de otros.
- Pretenden estar de acuerdo con otros para obtener lo que desean.

PATRONES DE EVITACIÓN: Los codependientes...
- Actúan de formas que invitan a los otros al rechazar, avergonzar, o expresar rabia hacia nosotros.
- Juzgan duramente lo que otros piensan, dicen o hacen.
- Evitan la intimidad emocional, física o sexual como medio de mantener las distancias.
- Permiten que sus adicciones a la gente, los lugares y las cosas los distraigan de lograr intimidad en las relaciones.
- Utilizan comunicación indirecta y evasiva para evitar los conflictos o las confrontaciones.
- Disminuyen su capacidad de tener relaciones saludables al declinar el uso de todas las herramientas de recuperación.
- Suprimen sus sentimientos o necesidades para evitar sentirse vulnerables.
- Atraen a las personas hacia ellos, pero cuando se acercan, las alejan.
- Se rehúsan a entregar su propia voluntad, a fin de evitar rendirse ante un poder que es mayor que ellos mismos.
- Consideran que las demostraciones de emoción son una señal de debilidad.
- Retienen las expresiones de aprecio.

Cuadro de patrones y características.

	PATRÓN	CÓMO ME DAÑO A MÍ MISMO	CÓMO DAÑO A OTROS
EJEMPLO	*Negar sentimientos*	*Niego mi dolor, tristeza, alegría. Los otros nunca me ven como realmente soy. Estoy aislado de otros y me falta intimar con los demás.*	*Niego sus emociones. Proyecto mi enojo en los otros, soy deshonesto y trato de controlar los sentimientos de los otros.*

Cuadro de patrones y características.

	PATRÓN	CÓMO ME DAÑO A MÍ MISMO	CÓMO DAÑO A OTROS

Cuadro del Cuarto Paso (tomado del Libro de CoDA)

Persona	Mis reacciones y comportamiento codependiente	Los sentimientos que me llevaron a actuar de esa manera	Consecuencias para las personas, para mí mismo y para la relación	Mis sentimientos acerca de esos comportamientos, y mis consecuencias
Madre	Inventé mentiras para obtener dinero de ella cuando me fui a la banca rota en tres distintas ocasiones.	Vergüenza por ser irresponsable de mis propias finanzas. Miedo de su juicio hacia mi persona. Miedo y enojo de tener que ser financieramente responsable y de tener que buscar ayuda y obtenerla.	El abandono y el descuido de mis responsabilidades financieras me mantuvieron emocionalmente dependiente de ella. La manipulé para que fuera financieramente responsable de mí. Y me mantuve en un comportamiento infantil en nuestra relación, en lugar de mostrar uno de igualdad.	Tristeza, vergüenza y culpa.
Padre	Me mantuve resentida, enojada y amargada por sus abusos verbales, físicos y sexuales. No busqué ayuda ni encontré soluciones para resolverlos. (Él hubiera pretendido que todo estaba bien entre nosotros cuando yo me encontraba con él). Y continúa la lista de conductas…	Miedo, enojo y culpa por enfrentar estos asuntos. Miedo de ser nuevamente abusada o abandonada por él si le dijera que pertenezca a un grupo CoDA. Miedo a ser etiquetada como loca y de ser la "mala" de la familia	Pérdida continua de amor y de una relación íntima con él. Riesgo de que yo actúe con mis propios hijos todos mis secretos emocionales. Tristeza por haber abandonado y descuidado mis propios sentimientos a este respecto. Necesidad de utilizar el enojo, el resentimiento, la amargura y la tristeza para cubrir mi herida, mi miedo y mi culpa por haber sido abusada. Vergüenza por no haber aprendido a tomar mi voz directamente con él o de alguna manera sana, para empoderarme frente a hombres abusivos.	Sola, triste, avergonzada, asustada y muy enojada.
Joan (Esposa)	Ella se enfureció conmigo en el parque y yo me callé un par de días.	Miedo y terror de que ella se enfureciera, o me abandonara si yo me le enfrentaba. Miedo de que ella se fije en alguien más. Miedo y enojo de que ella descubra que soy inadecuado e incorrecto.	Abandoné y descuidé mis emociones acerca de todo esto. Me descuidé a mí mismo y a la relación por no cuidarme a mí mismo. Le permití que continuara con su furia. La controlé a través del silencio. Mantuve falta de intimidad con ella castigándola con mi silencio.	Aislado, solo, triste, con miedo, avergonzado y culpable.
Bonnie (Hija)	Un par de días después de que Juana se enfureciera conmigo en el parque yo entré en furia y me enfurecí y le aventé toda mi rabia con el pretexto de que mi hija no había tirado la basura. A partir de ahí, todo estuvo bien entre mi esposa y yo.	Viví meses de enojo, resentimiento, dolor y vergüenza por la furia de Juana de la que nunca hablamos. Y de la que no me permití hablar directamente con ella	Abandoné y descuidé mis emociones por el comportamiento y la furia de Juana. Reforcé el papel de mi hija como chivo expiatorio emocional. Yo soy responsable del sentimiento de separación que hoy existe entre mi hija y yo. Alimenté su miedo y su falta de confianza hacia mi persona. Y reforcé el mensaje indirecto hacia mi hija respecto de que la furia es parte de las relaciones y es tolerable.	Triste, solo, asustado, culpable.
Allen (Jefe, amigo)	El les dijo a mis colegas algo que yo había compartido con él confidencialmente. Me enojé y me reporté enfermo el día siguiente para no tener que enfrentarlo	Miedo de ser despedido si le hubiera dicho lo enojado que estaba. Miedo de perder una amistad si le hubiera dicho lo enojado que estaba. Miedo a su reacción hacia mí frente a mis colegas. Miedo de ser juzgado por él y por otros colegas como hipersensible. Dolor porque mi amigo rompió nuestra confidencia.	Yo abandoné y descuidé mis propios sentimientos. Pérdida de confianza y de integridad respecto de mi mismo para apoyarme a mí mismo frente a él. Pérdida de intimidad con mi amigo. Pérdida de integridad con mi amistad por no ser honesto. Reforcé el valor de que está bien que la gente viole mis confidencias.	Triste, solo, enojado, culpable, avergonzado, miedoso.

Cuadro del Cuarto Paso (tomado del Libro de CoDA)

Persona	Mis reacciones y comportamiento codependiente	Los sentimientos que me llevaron a actuar de esa manera	Consecuencias para las personas, para mí mismo y para la relación	Mis sentimientos acerca de esos comportamientos, y mis consecuencias

Cuadro de los atributos positivos

Atributos	Acciones o comportamiento	Sentimientos	Progreso en la recuperación

Cuarto Paso —

En este momento quiero cuidarme como verdaderamente soy: un ser espiritual en crecimiento, que se descubre a sí mismo. Separo lo que yo creo que soy de lo que he hecho y sé que mi verdadero yo emerge: amoroso, alegre y completo.

NOTAS

NOTAS

NOTAS

NOTAS

NOTAS

NOTAS

NOTAS

NOTAS

Cada grupo debe mantenerse autónomo, excepto en asuntos que afecten a otros grupos o a CoDA como un todo.
—Cuarta Tradición

En el Cuarto Paso asumimos nuestro inventario personal. En la Cuarta Tradición usamos el proceso de inventario para evaluar el efecto del grupo en las diversas juntas o en CoDA como un todo. Podemos hacer esto al considerar cómo afectan a la Fraternidad los comportamientos y las actitudes de un grupo. Podemos elegir darnos tiempo en las juntas de grupo para reunirnos y preguntarnos a nosotros mismos si estamos dando soporte a CoDA como un todo. En este proceso, usamos los Pasos y las Tradiciones como guía para buscar en nuestros corazones.

La creatividad de nuestras juntas florece en la autonomía y se refleja en nuestro compromiso hacia esta Tradición. Como resultado, existen varios formatos para llevar una junta con el fin de dar soporte a nuestra recuperación: juntas en línea, teléfono, Pasos y Tradiciones, Libro de estudio de CoDA, hablar, escribir, juntas de mujeres, de hombres, de homosexuales y otras. Respetamos los derechos de que exista autonomía en cada junta y llevamos el mensaje de acuerdo al grupo de conciencia. Esta diversidad creada por la autonomía ayuda a que nuestras necesidades individuales estén satisfechas y también las de la comunidad de CoDA.

Valoramos la autonomía y más aún la unidad. En esta tradición, reconocemos que somos parte de un todo más grande: la Fraternidad de Codependientes Anónimos. Toda decisión que tomamos como grupo debería centrarse en nuestro bienestar común. Puesto que los Pasos, Tradiciones, Preámbulo y Bienvenida definen al programa de CoDA y a nuestro mensaje de recuperación, éstos se leen en cada junta según lo escrito. La estructura y la consistencia del mensaje de nuestra Fraternidad necesitan ser algo de lo que nosotros dependamos. El conocimiento de que la estructura básica de la junta es la misma, sin importar a donde vayamos, nos da seguridad. Esta estructura y su énfasis en la herramienta básica de recuperación son esenciales tanto para quienes vienen por primera vez como para quienes tienen tiempo en el Programa de recuperación. Cuando utilizamos en nuestras juntas literatura que no procede de la Conferencia de CoDA y de su aval, atentamos contra la unidad de CoDA y evitamos que los recién llegados escuchen el mensaje de recuperación básico de CoDA.

Cuando reflejamos nuestras verdades de la Cuarta Tradición y de la autonomía de nuestros grupos, también es importante que nos preguntemos si nuestras juntas son accesibles para el recién llegado. Cuando estructuramos nuestras juntas de modo que incrementemos la habilidad del recién llegado para comprender las herramientas básicas de la recuperación, y cuando proveemos una atmósfera cálida y de bienvenida, entonces seguimos fortaleciendo a la Fraternidad. Los padrinos, las listas de teléfono, la literatura avalada por la Conferencia de CoDA y la voluntad de tomar compromisos en el servicio, también dan soporte a nuestros propósitos primarios y a CoDA como un todo.

No siempre es sencillo saber qué va a afectar a otros grupos como un todo. Sin embargo, al aplicar los Pasos y las Tradiciones hacemos lo mejor para dar soporte tanto a la autonomía como a la unidad. Miramos los asuntos que surgen en los grupos y, cada uno de nosotros, nos pedimos responsabilidad para recordar los principios del programa. Por ejemplo, el modo como una junta utiliza los fondos de la Séptima Tradición es un asunto de autonomía, y al mismo tiempo ganamos en claridad al revisar todos los Pasos y Tradiciones y al enlazar nuestras decisiones con CoDA como un todo. Nos hacemos conscientes de nuestra cercanía a la estructura de servicio de la Fraternidad de CoDA. Los fondos de donaciones de nuestra Séptima Tradición deben proveer los elementos básicos de las juntas: listas de juntas, líneas telefónicas, producción de literatura y servicios de los delegados. Y aún así revisamos nuestras responsabilidades financieras no sólo en nuestras juntas, sino también en la estructura de servicio de CoDA. De esta manera reconocemos que las comunidades de CoDA, locales, regionales, nacionales y también internacionales, son parte de la definición de CoDA como un todo.

Compartir nuestra experiencia, fortaleza y esperanza en las juntas y en nuestro trabajo de servicio resulta en un ejemplo positivo de como nuestras acciones autónomas contribuyen al bienestar de CoDA como un todo. Cuando hacemos servicio, hablamos y actuamos en correspondencia de aquellos a quienes servimos. En las juntas, hacemos lo mejor para recordar que la Fraternidad de Codependientes Anónimos es mundial y sentimos en nuestro corazón la realidad de ser parte de este gran todo.

Cada grupo debe mantenerse autónomo, excepto en asuntos que afecten a otros grupos o a CoDA como un todo.
—Cuarta Tradición

Estas preguntas tienen la intención de ayudar a trabajar la Cuarta Tradición.

- ¿Qué es "CoDa como un todo"? ¿Cómo se relaciona mi grupo con la Fraternidad de CoDA?

- ¿Qué significa autonomía de grupo?

- ¿Cómo puedo respetar la autonomía de CoDA, aún cuando no ocurra lo que me gusta y quiero?

- ¿Es difícil para mí y para mi grupo aceptar el concepto de CoDa como un todo? En caso afirmativo ¿Por qué?

- ¿Cómo puede perjudicar a CoDA como un todo el hecho de utilizar en las juntas literatura que no ha sido avalada por la Conferencia?

- ¿Qué papel juega la Cuarta Tradición en nuestro trabajo de servicio? ¿Cómo afectan a "CoDA como un todo" mis acciones en el apadrinamiento y en mi trabajo de servicio?

- ¿Cómo puedo yo o mi grupo ayudar a dar soporte a la autonomía de otros codependientes o de otros grupos? ¿Cómo puedo yo o mi grupo contribuir a la Fraternidad de CoDA?

- ¿De qué manera se da soporte a CoDA cuando se leen los Doce Pasos, Tradiciones, Preámbulo y Bienvenida en todas las juntas?

- ¿Qué acciones individuales podría tomar si considero que no se están respetando las Tradiciones?

- ¿Los comités de servicio CoDA son grupos autónomos?

- ¿Están relacionados entre sí el Cuarto Paso y la Cuarta Tradición?

NOTAS

NOTAS

NOTAS

*Admitimos ante Dios, ante nosotros mismos y ante otro
ser humano la naturaleza exacta de nuestros errores.*
—Quinto Paso

El Quinto Paso nos otorga una dirección específica para actuar y hacer tres conexiones muy importantes. La primera es con nuestro Poder Superior. El orden del Quinto Paso refuerza la verdad esencial en la recuperación: nuestra relación con Dios tiene el primer lugar. Podemos orar y meditar para abrir nuestros corazones y comunicarnos con el Dios de nuestro entendimiento acerca de la naturaleza exacta de nuestros errores. Muchos de nosotros elegimos hacer una lista de nuestras creencias y conductas codependientes reconocidas desde el Cuarto Paso antes de hablar con nuestro Poder Superior. Este nivel de honestidad puede ser una experiencia íntima y poderosa. Podemos sentirnos confortados de que no existan secretos entre nosotros y nuestro Poder Superior. Empezamos a sentirnos aliviados de la carga de nuestros secretos y aprendemos a confiar en nuestro Poder Superior aún más. Este Paso nos ayuda a comprender que nuestro Poder Superior nos ama y nos cuida tal y como somos.

El Quinto Paso nos guía a hacer la segunda conexión que es con nosotros, y a admitir ante nosotros mismos la naturaleza exacta de nuestros errores. Aún cuando al principio pudiera parecer que lo conseguimos al completar nuestro inventario, el Quinto Paso nos guía a solidificar las verdades que hemos descubierto. Podemos escoger leer nuestro inventario para nosotros mismos en voz alta para reflexionar acerca de lo que hemos descubierto. Admitir la naturaleza exacta de nuestros errores es mucho más que repetir lo que hemos escrito; en cambio, tomamos la verdad de nuestra historia y de nuestra codependencia y las llevamos a nuestros corazones. Al hacer el Quinto Paso con nosotros mismos y al reconocer nuestra derrota, podemos observar el dolor causado por nuestra negación. Un Quinto Paso hecho con honestidad le da soporte a nuestra recuperación, y nos ayuda a comprender por qué nuestras vidas se volvieron ingobernables. Al admitir nuestros errores ante nosotros mismos podemos crecer en nuestra honestidad, autoconciencia y aceptación.

La instrucción final del Quinto Paso nos pide conectarnos con otro ser humano para admitir la naturaleza exacta de nuestros errores. Muchos de nosotros lo logramos cuando leemos nuestro inventario a una persona con la que nos sintamos seguros. Nosotros buscamos a alguien que nos escuche de un modo activo sin avergonzarnos, ni juzgarnos; alguien que escuche con compasión y con cuidado. Podría ser nuestro padrino o nuestra madrina; o bien, una persona a quien respetemos por la manera de llevar su Programa: un amigo cercano, un consejero espiritual, un terapeuta o un grupo de estudio de los Pasos de recuperación de codependientes. Al confiar en los Pasos y al reconocer que este proceso ha funcionado para otros, es posible ir más allá de nuestro miedo. Cuando hacemos nuestro Quinto Paso, reconocemos nuestros patrones de conducta codependientes: de dónde vienen y cuánto daño nos han causado. En el Quinto Paso comienza a abrirse la puerta de la verdad, la alegría y la libertad.

Cuando recordamos que podemos cuidar de nosotros mismos y cubrir nuestras necesidades, nos es posible trabajar este Paso. Podemos establecer límites con la persona con quien hemos elegido compartir. Por ejemplo, podemos pedirle que escuche sin comentar y sin retroalimentarnos. Podemos establecer la cantidad de tiempo que deseamos trabajar, y también el lugar donde queremos compartir. Al confiar que nuestro Poder Superior está con nosotros, sentimos seguridad de hablar la naturaleza exacta de nuestros errores con otro ser humano.

El Quinto Paso nos enseña a ser vulnerables y a confiar. Con este Paso aprendemos a soltar.

Se enlistan algunos regalos que recibimos al hacer nuestro Quinto Paso.

- Cuando hablamos acerca de nuestra codependencia ganamos en claridad con respecto de nuestro propio comportamiento: nuestra necesidad de controlar, nuestros estados emocionales, nuestra necesidad de estar en lo correcto y nuestra necesidad de defender.
- Nosotros podemos soltar viejos comportamientos, aprender a participar y a ser responsables.
- Nuestros espíritus se elevan cuando compartimos nuestra verdad.
- Experimentamos libertad cuando soltamos nuestros secretos.
- Gozamos de libertad y comodidad al saber que no estamos solos.
- Soltamos viejos sistemas de creencias. Por ejemplo, no morimos si decimos una verdad, no nos desintegramos si admitimos nuestros errores, y finalmente hablamos de los secretos de familias con personas en quienes confiamos.
- Aceptamos nuestro pasado.
- Construimos nuestra confianza.

Escuchar un Quinto Paso

Escuchar un Quinto Paso es un proceso sencillo, simplemente escuchamos. Antes de hacerlo, sin embargo, podemos tener la necesidad de asentar un escenario adecuado. Por ejemplo, es posible:

- Practicar el desapego.
- Mantener la atención en el inventario personal.
- Respetar el lugar y la manera como la otra persona elige hacer su Quinto Paso.
- Escuchar sin argumentar, juzgar, ni asumir.
- Aceptar a la otra persona tal como es, sólo por hoy.
- Disponer de una buena cantidad de tiempo, sin interrupciones.

Puede resultar de gran ayuda y consuelo compartir una oración para sumar la realidad espiritual en este trabajo mutuo, antes y después del Quinto Paso. Nosotros traemos a nuestro propio Poder Superior cuando escuchamos y así podemos tener la certeza de que seremos provistos de lo que necesitemos.

*Admitimos ante Dios, ante nosotros mismos y ante otro
ser humano la naturaleza exacta de nuestros errores.*
—Quinto Paso

Estas preguntas tienen la intención de ayudarnos a trabajar nuestro Quinto Paso.

- ¿Es difícil para mí trabajar el Quinto Paso? ¿Por qué?

- ¿Cómo puedo soltar mis miedos de ser juzgado cuando comparto mi Quinto Paso?

- ¿Qué significa para mí "admitir"?

- ¿Qué significa para mí "la naturaleza exacta de mis errores"?

- ¿Qué significa para mí trabajar mi Quinto Paso con Dios, conmigo mismo y con otro ser humano?

- ¿Por qué es importante admitir mis errores en privado, durante mi meditación y mis oraciones?

- ¿Cómo puedo soltar la necesidad de defender mis errores y mis actos, de manera que me sea posible admitir la verdad?

- ¿Cómo puedo traer a mi Poder Superior en mi Quinto Paso?

- ¿Cómo puedo confiar en la otra persona cuando le revelo la información que contiene mi Quinto Paso?

- ¿Cómo puedo comunicar mis necesidades y establecer límites para trabajar mi Quinto Paso? ¿Qué escenarios puedo establecer para recibir el Quinto Paso de alguien?

- Al escuchar un Quinto Paso: ¿Qué hago cuando la persona se desvía de su propio inventario y comienza a hacer el inventario de alguien más?

NOTAS

NOTAS

NOTAS

Cada grupo tiene un solo objetivo primordial:
llevar el mensaje a otros codependientes que aún sufren.
—Quinta Tradición

La Quinta Tradición establece un principio cuando afirma que cada grupo de CoDA "tiene sólo un objetivo primordial: llevar su mensaje a otros codependientes que aún sufren". Este principio tan simple nos recuerda que CoDA es un programa simple. Estamos aquí por una razón: para recuperarnos de nuestra codependencia. Nos apoyamos unos a otros en esta sencillez al conservar nuestra atención en ese propósito principal. Cuando llevamos el mensaje, nuestros grupos no se ocupan de manejar la recuperación individual de ninguna persona.

"Primordial" se refiere a lo que nosotros consideramos el principio más importante, el que viene antes que ningún otro. La sobrevivencia y el crecimiento de nuestro Programa dependen de nuestra voluntad para llevar un mensaje de esperanza y de recuperación, al usar los Pasos y al aplicar las Tradiciones. Los codependientes que aún sufren son, en el mismo nivel, personas que nunca han asistido a una junta, recién llegados a CoDA y quienes llevan tiempo en recuperación. Todos nosotros necesitamos compartir el mensaje para obtener y mantener la recuperación. Aún cuando los métodos para llevar el mensaje varían de una junta a otra, el objetivo primordial de todos los grupos es el mismo.

Nuestros nuevos miembros son una parte muy importante de la Quinta Tradición. Los recién llegados con frecuencia buscan maneras para comprender y para encontrar alivio en sus asuntos de codependencia. Al contar con miembros que asisten regularmente para dar la bienvenida y para hablar con los recién llegados, se crea una atmósfera de apoyo y de calidez. Lo mismo ocurre si hay literatura de CoDA y listas telefónicas disponibles. Todos estos esfuerzos son formas de llevar el mensaje de recuperación. Las competencias por la popularidad y las camarillas no tienen lugar en CoDA pues ellas nos distraen de nuestro objetivo principal y son peligrosos para todos los miembros del grupo. Distraernos de nuestro principal propósito disminuye las oportunidades de llevar el mensaje a los codependientes que aún sufren. La Quinta Tradición es un recordatorio espiritual cuando nos hemos distraído de nuestro propósito. Cuando compartimos nuestra experiencia, fortaleza y esperanza con los nuevos miembros, se realza nuestra propia recuperación.

Apoyamos la Quinta Tradición al compartir con honestidad lo que éramos antes de la recuperación, las herramientas que hemos utilizado a lo largo de ella y en lo que se ha convertido nuestra vida. Compartimos nuestras luchas y nuestros triunfos. Nos preguntamos cuántos de nosotros hubiésemos permanecido, si no hubiéramos escuchado palabras de esperanza y visto los cambios en aquellos que nos rodean. Practicamos la Quinta Tradición al compartir en nuestras juntas, con los padrinos, con las madrinas; y con nuestra familia, nuestros amigos, así como con los miembros asistentes a las juntas.

Al darnos apoyo mutuo en nuestra recuperación también llevamos el mensaje. Podemos hacer y recibir llamadas para hablar con otros después de nuestras juntas. La Quinta Tradición nos ayuda a comprender que, al ser un ejemplo de recuperación, llevamos el mensaje.

Además de las juntas de CoDA conformamos grupos de servicios locales, regionales, nacionales e internacionales; y ésta también es una manera de llevar el mensaje. Los compromisos en los servicios de estos grupos incluyen la provisión de los servicios informativos de CoDA. También, visitar instituciones y hospitales, así como distribuir la literatura.

Los anteriores son modos poderosos de llegar a los codependientes que aún sufren: algunos de ellos no podrían asistir a una junta ni saber siquiera de la existencia de CoDA. Al mantener el compromiso en los grupos, obtenemos la oportunidad de vivir la Quinta Tradicíon. Nuestro propósito principal es llevar el mensaje. Cuando compartimos y escuchamos el mensaje, nos recuperamos.

*Cada grupo tiene un solo objetivo primordial: llevar
el mensaje a otros codependientes que aún sufren.*
—Quinta Tradición

Las siguientes preguntas tienen la intención de ayudarte a trabajar la Quinta Tradición.

- ¿Por qué existe "sólo un objetivo primordial" en nuestro grupo"?

- ¿Cómo puedo enfocarme en nuestro objetivo primordial?

- ¿Cuál creo yo que es el mensaje?

- ¿Qué significa para mí "llevar el mensaje"? ¿Cómo lo consigo?

- ¿Cómo lleva el mensaje mi grupo?

- Si mi grupo se ha distraído respecto de nuestro objetivo primordial ¿Qué hacemos para regresar a él?

- ¿Qué efecto tiene en los que todavía sufren cuando yo comparto mi experiencia, fortaleza y esperanza al llevar el mensaje?

- ¿Cómo puedo llevar el mensaje a personas que no conozco?

- ¿Cómo se relaciona el Quinto Paso con la Quinta Tradición?

- ¿Cómo me llegó el mensaje a mí?

NOTAS

NOTAS

NOTAS

Estuvimos enteramente dispuestos a dejar que
Dios nos liberase de todos nuestros defectos de carácter.
—Sexto Paso

Habiendo identificado nuestros defectos de carácter en el Cuarto Paso y luego de compartirlos con Dios, con nosotros mismos y con otro ser humano en el Quinto Paso, estamos listos para que Dios los remueva en el Sexto Paso.

Aceptar nuestros defectos con humildad permite que comience nuestra sanación. La honestidad con nuestro Poder Superior y con nosotros mismos tiene el papel más importante en el proceso de estar "enteramente dispuestos". "Enteramente" significa totalmente; implica soltar nuestros intentos de controlar nuestros defectos. Se nos pide estar enteramente dispuestos cuando trabajamos nuestro programa al escribir, compartir, meditar y cuando pedimos conocer la voluntad de nuestro Poder Superior para nuestras vidas. La práctica continua de "estar enteramente dispuestos", se convierte en un de modo de vivir y no en hechos aislados.

Los defectos pueden ser vistos como conductas y creencias que se interponen en nuestro camino. Los defectos de carácter no son nuestra identidad espiritual; son conductas codependientes que nos han sido útiles para sobrevivir. Al "estar enteramente dispuestos", aprendemos a conocernos, a apropiarnos de nuestros defectos. Cuando pedimos guía a nuestro Poder Superior y confiamos en el proceso, tenemos una experiencia espiritual. El Sexto paso tiene claves sólidas: fe, confianza y una relación con nuestro Poder Superior.

Este Paso no dice cuándo ni cómo serán removidos nuestros defectos. Podemos usar el Tercer Paso para recordar que éste no es nuestro asunto. Es el plan de nuestro Poder Superior y nosotros tenemos que aceptarlo, aún cuando no lo entendamos. Esa es la voluntad de nuestro Poder Superior. Muchas veces nos damos cuenta de que un defecto ha sido removido y no estamos seguros cuando ocurrió. Nuevamente, se nos recuerda que la recuperación es un proceso, una jornada, no una meta ni un destino.

Cuando reconocemos un defecto de carácter o luchamos con algún otro, sabemos que tenemos herramientas: podemos hablar con un padrino, ir a una junta, escribir en nuestro diario y pedir la guía de nuestro Poder Superior. Si nos sentimos abrumados al trabajar este Paso podemos echar mano de las afirmaciones positivas. Reconocemos claramente que el Sexto Paso, se refiere a nuestro progreso, no a nuestra perfección. No se refiere a lo lejos que hemos llegado, ni a la lejanía de la que venimos, sino de estar en el camino de la recuperación. Invitamos a nuestro Poder Superior a nuestras vidas y soltamos los resultados. Cuando verdaderamente nos entregamos a este plan, es posible ver nuestro progreso o no. Nuestro trabajo consiste en continuar en la recuperación un día a la vez con nuestro mejor esfuerzo.

Vivimos según estos defectos de carácter durante muchos años y por ello batallamos para soltar, y luego estar completamente dispuestos. En verdad, se necesita esfuerzo y no es fácil soltar a los antiguos "amigos" como la obsesión, la necesidad de estar en lo correcto, complacer a las personas, juicio, miedo, auto-boicot y perfeccionismo. Estamos completamente dispuestos para que nuestro Poder Superior nos quite nuestros defectos de carácter. El Sexto Paso es un Paso más que nos recuerda la importancia que tiene para nosotros la práctica continua de soltar.

*Estuvimos enteramente dispuestos a dejar que Dios
nos liberase de todos nuestros defectos de carácter.*
—Sexto Paso

Estas preguntas tienen la intención de ayudarte a trabajar tu Sexto Paso:

- ¿Cómo llego a "estar enteramente dispuesto"?

- ¿Cómo me ayuda mi Poder Superior a estar completamente dispuesto?

- ¿Cuándo serán removidos mis defectos de carácter? ¿Cómo me son quitados estos defectos de carácter?

- ¿Cómo se siente un defecto de carácter?

- ¿Qué es un "defecto de carácter"? ¿Cuáles son mis defectos de carácter?

- La frase "defectos de carácter" ¿Me hace sentir defensivo? ¿Por qué?

- ¿Cómo puedo remontar la resistencia que siento cuando oigo que tengo defectos de carácter?

- ¿Qué se siente estar completamente dispuesto?

- ¿Qué me induce a justificar o minimizar estos defectos de carácter?

- ¿De qué manera me ayudan los Pasos a aceptar estos defectos de carácter?

- ¿Qué gano al aferrarme a un defecto de carácter en particular?

- ¿Por qué el Sexto Paso es un puente crucial entre el Quinto y el Séptimo?

NOTAS

NOTAS

NOTAS

NOTAS

Un grupo de CoDA nunca debe respaldar, financiar ni prestar el nombre de CoDA a ninguna entidad allegada o empresa ajena para evitar que los problemas de dinero, propiedad y prestigio nos desvíen de nuestro objetivo espiritual primordial.
—Sexta Tradición

La Quinta Tradición nos enseña que estamos juntos por una sola razón: nuestra recuperación de la codependencia. Y la Sexta Tradición se refiere, por primera vez, a nuestra "meta espiritual más importante". La base espiritual de nuestro programa se aclara conforme estudiamos nuestras tradiciones.

Con ese propósito en mente cuidamos de nosotros mismos de no engancharnos respecto de las obligaciones y responsabilidades de afuera. Si nosotros prestamos nuestro nombre a un edificio, a una institución de recuperación a una iglesia o a un hospital creamos obligaciones fuera de nuestro programa. Nuestras obligaciones en el mundo exterior nos distraerían de nuestra meta espiritual más importante. Nuestra atención siempre se mantiene en nuestra meta espiritual: llevar estas palabras a aquellos que aún sufren de codependencia. Si perdemos esa meta, la base espiritual de nuestro programa se perdería.

Dentro de la Fraternidad, reconocemos la necesidad de separar los asuntos materiales de nuestra meta espiritual. Nos alejamos de los problemas de dinero, de propiedad y de prestigio al delegar las responsabilidades legales y financieras a los Servidores de Confianza.

En nuestra historia hemos experimentado la distracción que se genera cuando se ignora la sabiduría de esta Tradición, es decir, cuando mezclamos lo espiritual con lo material. También respetamos la sabiduría ganada en la historia de Alcohólicos Anónimos, que es el programa del que nosotros seguimos el patrón.

Somos una comunidad de Doce Pasos y por ello, no apoyamos libros, programas ni a individuos fuera de nuestra Fraternidad. Al trabajar el programa de Recuperación de CoDA recomendamos usar los Doce Pasos, las Doce Tradiciones y la literatura aprobada en la Conferencia de CoDA. Los talleres educativos dentro del programa también honran y apoyan los Pasos, Tradiciones y literatura. Este marco se aplica a todas las actividades de CoDA como son las juntas de negocios, Conferencias, Convenciones y juntas regulares de CoDA. Como padrinos de otros Servidores de Confianza somos responsables de mantener nuestro programa dentro de los Pasos y de las Tradiciones. Por respeto a nuestra Sexta Tradición nunca apoyamos ni prestamos el nombre de CoDA a empresas fuera de la Fraternidad.

Otra manera de separarnos de nuestra meta espiritual más importante, es cuando algunos profesionales comienzan a unirse a las juntas de CoDA por interés personal y por ganancia en lugar de asistir a las juntas para su propia recuperación. El prestigio de utilizar apellidos de gente bien conocida también nos desvía de nuestra meta espiritual. Por nuestra enfermedad, podríamos creer que alguien con prestigio podría ser capaz de ayudarnos en nuestra recuperación. Este es un programa humilde, y no hay lugar para prestigio ni para ganancias personales. El poder de nuestro Programa reside en la sencillez que tiene un codependiente al compartir experiencia, fortaleza y esperanza con otro.

Un grupo de CoDA nunca debe respaldar, financiar o prestar el nombre de CoDA a ninguna entidad allegada o empresa ajena para evitar que los problemas de dinero, propiedad y prestigio nos desvíen de nuestro objetivo espiritual primordial.
—Sexta Tradición

Estas preguntas tienen la intención de ayudarte a trabajar la Sexta Tradición.

- ¿Cuál es nuestra meta espiritual más importante?

- ¿Cómo pueden distraernos de nuestra meta espiritual más importante los asuntos de dinero, propiedad y prestigio? ¿Qué otros asuntos nos podrían distraer?

- Como padrino, como miembro, como Servidor de Confianza: ¿Por qué es importante no apoyar literatura, talleres o personas que no sean de CoDA?

- ¿Cómo nos distrae de nuestra meta espiritual más importante el uso de la literatura no aprobada por la Conferencia en una junta o en un taller?

- ¿Cómo podemos ser creativos en un taller y mantenernos en la Sexta Tradición?

- ¿Qué daño existe al permitir que otras instituciones usen nuestro nombre?

- ¿De qué manera podrían otras personas hacer mal uso de una junta para su ganancia personal? ¿Cómo puede lo anterior distraer la junta de nuestro fin espiritual?

- ¿Cuál es mi responsabilidad individual hacia el grupo cuando creo que hemos perdido la atención de nuestra meta espiritual más importante?

- ¿Cuál es el propósito específico de la Sexta Tradición en el marco de las Doce Tradiciones?

NOTAS

NOTAS

NOTAS

NOTAS

Humildemente le pedimos a Dios que nos libere de nuestros defectos.
—Séptimo Paso

La dirección de este Paso es simple. No está orientada hacia los resultados. Más bien, pedimos y soltamos. Con la aceptación en nuestras vidas de un amoroso Poder Superior, crece nuestra voluntad para creer que nuestras limitaciones serán removidas.

Cuando llegamos al Séptimo Paso es posible que tengamos una conciencia más clara y muchas emociones respecto de nuestros defectos y de nuestras conductas en el pasado. Reconocemos el daño que nos hemos causado y estamos concientes de nuestra falta de habilidad para cambiar nuestro comportamiento a través de nuestra propia voluntad. Hacemos conciencia de que nuestros defectos son dañinos y, por ello, pedimos humildemente a nuestro Poder Superior que los remueva.

Pedir que nuestros defectos sean removidos puede producirnos miedo. En nuestra infancia cuando éramos vulnerables y admitíamos nuestras imperfecciones, sucedían cosas terribles. Por nuestra historia, nunca se nos ocurriría ser vulnerables ni pedir alguna cosa a nuestro Poder Superior. Quizá hoy hagamos elecciones con base en nuestras viejas conductas de sobrevivencia. En el pasado, se nos pudo haber enseñado "si tiene que ser, depende de mí", y/o "que nunca se te note que estás luchando ni sufriendo". Se nos pudo haber enseñado que no podíamos confiar en nadie ni en nada, con excepción a nuestras propias habilidades y fuerzas. Como adultos codependientes en recuperación, pedimos a Dios que remueva nuestros defectos: miedos, autocrítica y perfeccionismo. Después soltamos. Al trabajar el Séptimo Paso elegimos vivir en base al amor hacia nosotros mismos, y trabajar en nuestro programa de recuperación.

Confiamos en nuestro Poder Superior. Aceptamos que tenemos defectos. Pedimos que nuestros defectos sean removidos.

Los siguientes son algunos ejemplos de los defectos que podemos pedir a Dios que remueva:

- Auto-sabotaje
- Necesitar hacer algo respecto de lo que sentimos
- La creencia de que tenemos el control
- Miedo de soltar y confiar
- Miedo de lo que otros piensen o sientan acerca de nosotros
- Miedo de la ira de otros
- Deshonestidad
- Manipulación (abierta o encubierta)
- Auto-abuso
- Reacción en lugar de acción
- Necesidad de estar en lo correcto
- Necesidad de hacer todo por nosotros mismos, sin ayuda
- Escasa habilidad de pedir ayuda
- Deseo de que otros lo hagan a mi manera
- Perfeccionismo
- Adicciones
- Culpa
- Resentimientos
- Santurronería
- Aislamiento

- Vergüenza
- Auto-abandono
- Creencia de que debemos actuar nuestras emociones y nuestros sentimientos.

Vamos ganando claridad acerca de nuestros comportamientos autodestructivos cuando compartimos en las juntas. Encontramos semejanzas en nuestros patrones de codependencia cuando otros comparten. Se incrementa nuestra conciencia de un Poder Superior en nuestras vidas al hablar nuestra verdad y pedir que nuestros defectos sean removidos. Aceptamos que no somos perfectos al saber la verdad de que un Poder Superior puede quitarnos nuestros defectos, mientras que nosotros mismos no podemos. Aprendemos a enfocar nuestra atención en lo que nuestro Poder Superior desea para nosotros cotidianamente.

Pedir humildemente que remueva nuestras limitaciones no significa necesariamente estar de rodillas, aunque algunos de nosotros buscamos una iglesia, un templo o bien otro lugar pacífico o sagrado. Cuando logramos estar en un estado de humildad aceptamos el plan de nuestro Poder Superior para nosotros. Cuando somos humildes, también aceptamos nuestro lugar en el universo que no es mejor, peor ni más grande ni más pequeño. Podemos haber aprendido en nuestra niñez que la humildad significaba humillación. Sin embargo, nuestra creencia ha cambiado. Podemos haber sido ignorantes respecto de nuestro derecho para pedir el auxilio de un Poder Superior. Hoy, aprendemos a usar nuestra voluntad para soltar y dejárselo a Dios. Aprendemos a aceptarnos a nosotros mismos, sin estar bajo el control de las opiniones de otros. Aceptamos el pasado y los desgobiernos que provocamos por tratar de hacerlo todo por nosotros mismos. Aprendemos que la humildad puede ser buena y traernos sentimientos agradables. Dios hace por nosotros lo que nosotros no podemos hacer por nosotros mismos.

Con humildad podemos pedir a nuestro amoroso Poder Superior la ayuda que necesitamos para todos nuestros asuntos. Nuestro Poder Superior conoce todo lo que hemos hecho a lo largo de nuestras vidas y nos ama tal y como somos hoy. Lo aceptamos.

Humildemente le pedimos a Dios que nos libere de nuestros defectos.
—Séptimo Paso

Estas preguntas tienen la intención de ayudarte a trabajar el Séptimo Paso.

- ¿Qué significa para mi "humildemente le pedimos a Dios"?

- ¿Cuáles son mis miedos acerca de la remoción que Dios hace de mis defectos de carácter? Haz una lista de tus miedos.

- ¿Cuáles son mis defectos de carácter?

- ¿Cuáles son las diferencias que existen entre "pedir humildemente" y "estar enteramente dispuestos"?

- Si soy tímido, con personalidad corta o siento mucha vergüenza ¿Cuánto pesan estas características en mis estados codependientes? ¿Acaso son ellas los que me mantienen preso en la codependencia?

- ¿Qué significa humildad para mí?

- ¿Qué significa pedir humildemente?

- ¿De qué manera puedo ser más aceptante cuando trabajo el Séptimo Paso?

- ¿De qué manera me ayuda el Séptimo Paso en mi recuperación?

- ¿Cómo puedo soltar mi voluntad cuando estoy trabajando el Séptimo Paso?

- La afirmación "Dios sabe todo acerca de mí y me ama tal cual soy" ¿Acaso me ayuda a trabajar este Séptimo Paso?

NOTAS

NOTAS

NOTAS

Todo grupo de CoDA debe mantenerse completamente a sí mismos, negándose a recibir contribuciones de afuera.
—Séptima Tradición

Nuestra Séptima Tradición trata sobre el auto-sostenimiento de las juntas de CoDA y de los grupos. Una de las maneras que usan los grupos para auto-sostenerse, es la financiera. Ella es crucial para la sobrevivencia y el crecimiento de CoDA. Otro método que es igualmente decisivo para lograr el auto-sostenimiento, es el trabajo de servicio.

Cada uno de nosotros depende de la disponibilidad de juntas para que nos sea posible asistir cuando lo necesitemos. La Fraternidad de CoDA confía en un grupo de voluntarios en continua rotación que realicen el trabajo de servicio. ¿Qué ocurriría con CoDA si nadie realizara ese servicio? CoDA cesaría de existir. Cuando los miembros de CoDA se reúnen para crear una junta o un grupo, es muy importante que todos se vean entre sí como participantes equitativos, con una voz que se exprese equitativamente. Y que la responsabilidad del grupo esté compartida entre todos. Si algún individuo hace demasiado, quita la oportunidad a otros. Y al contrario, si un individuo hace muy poco, resulta una carga para el resto del grupo. Cuando hacemos nuestra parte individual en el servicio, tal como lo guía nuestro amoroso Poder Superior, apoyamos la Séptima Tradición.

Estar activo en el servicio, es importante para CoDA y para nuestra recuperación personal, no tanto lo que hagamos en él. Todas las posiciones de servicio, en todos los niveles, son iguales. Por ejemplo, servir en los comités de literatura es tan importante como ser un coordinador general. Asumimos nuestra responsabilidad individual en la junta o en el grupo, asumimos que somos un grupo con responsabilidades de auto-sostenimiento. Por ejemplo, si no hay suficientes voluntarios para producir un boletín de la comunidad de CoDA detenemos la publicación. Si no hay voluntarios para hacer el café, no hay café.

En parte los grupos se auto-sostienen cuando:

- Los grupos / las juntas pagan por su propio espacio de reunión
- Los grupos / juntas hacen donaciones a la estructura de servicio de CoDA (local, regional, nacional e internacional)
- Los miembros comparten experiencia, fortaleza y esperanza de manera regular
- Las posiciones de servicio están cubiertas
- Las posiciones de servicio se rotan

El auto-sostenimiento significa que los grupos cubren sus necesidades económicas. Aceptar contribuciones de fuera crea filiaciones externas, tal como se afirma en la Sexta Tradición: *Un grupo de CoDA nunca debe respaldar, financiar o prestar el nombre de CoDA a ninguna entidad allegada o empresa ajena para evitar que los problemas de dinero, propiedad y prestigio nos desvíen de nuestro objetivo espiritual primordial.* Cuando nos adherimos a la Séptima Tradición protegemos a los grupos de CoDA de influencias y obligaciones externas. Para ilustrar las situaciones que se presentan en una junta que no es auto-sostenible, consideremos lo siguiente.

En el testamento de un miembro se afirmaba que el dinero se daría a la comunidad de grupos de CoDa anualmente para ayudar a diseminar el mensaje de la Fraternidad. Como no existen lineamientos de CoDa en este asunto, la conciencia de grupo al que pertenecía este miembro, decidió que –puesto que estaba en su testamento- así se cumpliría. Las preguntas respecto a qué hacer con este dinero –gastarlo, ahorrarlo, cuánto gastar y cuánto entregar a otros grupos- dividieron a los miembros del grupo. Y de ser un grupo con auto-sostenimiento se convirtió en un grupo polémico. Esta situación resultó dañina. A partir de este ejemplo, llegamos a creer que este tipo de donaciones afectan la responsabilidad del grupo para tener auto sostenimiento.

Si nosotros mismos acudimos a un grupo de CoDA que discute por la falta de auto-sostenimiento, muy bien podemos hacer un inventario del grupo como herramienta para determinar soluciones posibles. Como parte del proceso de inventario, podemos preguntarnos de qué manera contribuimos a CoDa en términos de dinero. Y asimismo, de tiempo, atención, entusiasmo, energía, confianza, respeto, compasión y apoyo. Por último, nos preguntamos si compartimos experiencia, fortaleza y esperanza. El servicio puede ser el inicio de una jornada que nos saque de nuestro aislamiento. Se puede convertir en una oportunidad para practicar relaciones sanas como miembro de un grupo.

Todo grupo de CoDA debe mantenerse completamente a sí mismos, negándose a recibir contribuciones de afuera.
—Séptima Tradición

Estas preguntas tienen la intención de ayudarte a trabajar tu Séptima Tradición.

- ¿De qué maneras les es posibles a las juntas / grupos ser "auto sostenibles"?

- ¿Qué significa para mí ser "auto-sostenible"? ¿En mi junta? ¿En mi casa? Da ejemplos de cada uno.

- En mi vida personal ¿soy auto-sostenible? De no ser así, ¿qué puedo hacer para auto-sostenerme?

- ¿De qué maneras se aplica esta Tradición a nuestra estructura de servicio? (local, regional, nacional o internacional).

- ¿Qué es para mí "demasiado servicio"? ¿De qué manera puede ser dañino el exceso en el servicio?

- ¿De qué manera puede ser peligroso para la junta cuando tomo demasiados compromisos de servicio?

- ¿Cuál es mi ganancia secundaria cuando hago más de lo que me toca, en justicia? ¿De qué me estoy protegiendo cuando no realizo mi parte, en justicia?

- ¿Qué constituye una contribución "externa" en mi grupo?

- ¿Cuál creo yo que debería ser el límite de una donación financiera de un miembro? ¿Por qué?

- ¿Permito que mi familia y mis amigos tengan la libertad de auto-sustentarse? ¿A caso creo que merezco esa misma libertad?

- ¿Cómo se relaciona la Séptima Tradición con el Séptimo Paso?

NOTAS

NOTAS

NOTAS

> *Hicimos una lista de todas aquellas personas a quienes habíamos ofendido y estuvimos dispuestos a reparar el daño que les causamos.*
> —Octavo Paso

La primera parte del Octavo Paso nos pide hacer una lista de todas las personas a quienes hemos dañado sin importar las circunstancias. El trabajo de los pasos que hemos hecho hasta este punto puede servir de ayuda y de soporte. Ahora es más sencillo identificar a quiénes hemos dañado y hacer conciencia de nuestros comportamientos y de cómo hemos herido a los otros y a nosotros mismos. Con frecuencia, es más fácil ver cómo nos han dañado los otros. Sin embargo, necesitamos llegar a la conciencia de nuestra parte, de aquellos comportamientos que nos dañan y dañan a otros. En ocasiones necesitamos repasar espiritualmente los pasos desde el Primero hasta el Cuarto para que nos sea posible discernir cuán dañinos hemos sido con nosotros mismos. Si la culpa y la vergüenza nos agobian, podemos ponernos al cuidado de nuestro amoroso Poder Superior y recordar nuestra decisión de vivir la voluntad de Dios. Encontramos la paz cuando soltamos y confiamos en nuestro Poder Superior. Ya no perdemos energía reprimiendo los recuerdos ni los sentimientos.

En la segunda parte del Octavo Paso, sólo se nos pide estar dispuestos a hacer reparaciones. No se nos pide hacer esas reparaciones. En este Paso, no necesitamos decidir cómo ni cuándo hacerlas. Cuando recordamos lo anterior, podemos concentrarnos en trabajar con nuestro Poder Superior para crecer en nuestra disposición.

Si sentimos temor de ser honestos y de sentirnos vulnerables, podemos trabajar en los tres primeros Pasos, pues ellos nos darán el soporte necesario para manifestar una disposición. Podemos pedir a nuestro Poder Superior que nos ayude a soltar la obsesión y las exageraciones en las que incurrimos cuando imaginamos nuestras reparaciones. Con el apoyo de nuestro Poder Superior podemos soltar la creencia de ser castigados y sentir dolor, si decimos la verdad. Se puede ir más allá del miedo de estar en lo incorrecto o de ser juzgado con afirmaciones positivas como admito mis errores y aprendo de ellos. Si el resentimiento, la ira, el enojo y otras emociones hacia los demás obstaculizan nuestro trabajo en este Paso, necesitamos recordar que somos impotentes hacia los demás. Al creer en un Poder más grande que nosotros mismos podemos confiar que El nos devuelva el Sano Juicio.

Cuando escribimos la lista de aquellos a los que hemos dañado, recordamos que tenemos el alivio de nuestro Poder Superior y Él ya sabe lo que hemos hecho. Quizá queramos hacer listas desde distintas perspectivas, como el daño que nos hemos causado a nosotros mismos, el daño que les hemos causado a otros y los resentimientos que nos mantienen atrapados.

La siguiente lista incluye comportamientos con los que nos hemos maltratado a nosotros mismos y a otros:

- Aferrarnos a nuestros resentimientos
- Actuar nuestros resentimientos
- Tener miedo de la intimidad
- Manipular a los otros
- Necesidad de tener razón
- Engañar, mentir y robar
- Obsesionarnos y preocuparnos
- Culpar y juzgar a los demás

- Abusar emocionalmente de nosotros y de los demás
- Abusar físicamente de nosotros mismos y de los demás
- Descuidar nuestras responsabilidades
- Crear tensión financiera
- Abandonarnos a nosotros mismos
- Separarnos de nuestra parte espiritual

La lista que hacemos en el Octavo Paso da cuenta de nuestro comportamiento dañino de manera novedosa y, por ello, nos convertimos en personas útiles para nosotros mismos y honestas con nuestro Poder Superior por todo aquello que hemos hecho. Ahora comenzamos a entender lo importante que es observar nuestro comportamiento dañino. Ya no tenemos que aferrarnos a los secretos de nuestro pasado ni vivir en negación. Entendemos que dañamos porque fuimos dañados. Con esta clase de honestidad, nuestro cambio comienza y podemos restaurar nuestras relaciones con otros y con nosotros mismos paulatinamente, de una manera segura, sana y amorosa.

La lista puede crecer entre más se nos revele y más tengamos conciencia. Cuando reconocemos que ya no deseamos ignorar nuestros sentimientos, trabajamos este Paso y encontramos que la posibilidad de alivio nos anima a continuar. Nuestra recuperación nos sigue concientizando de nuestras antiguas conductas y formas que nos han hecho daño a nosotros mismos y a otras personas. También nos volvemos conscientes de cómo continuamos con las viejas conductas en nuestras vidas hoy. Permanecemos abiertos a lo que se revela y reconocemos que no lo sabemos todo sobre nosotros mismos. Reconocemos que nuestras conductas tienen un efecto. Debido a esto es que trabajamos los Pasos, una y otra vez, para permanecer en la verdad que nos es revelada.

Hicimos una lista de todas aquellas personas a quienes habíamos ofendido y estuvimos dispuestos a reparar el daño que les causamos.
—Octavo Paso

Estas preguntas tienen la intención de ayudarte a trabajar tu Octavo Paso

- ¿Qué significa para mí "ponerme en la disposición para hacer reparaciones?
- ¿Cómo manejo el miedo mientras trabajo este Paso?
- ¿Qué Pasos uso como herramienta cuando trabajo mi Octavo Paso?
- ¿Qué hago para lograr "ponerme en disposición"?
- ¿Cómo puedo perdonarme a mí mismo?
- ¿Qué daño he causado al creerme más que o menos que; mejor que, o peor que otros?
- ¿Cómo hago para deshacerme de la sensación de ser demasiado insignificante o bien demasiado importante para reconocer que he lastimado a otros?
- ¿Respecto de quién me siento con el corazón duro, con miedo o a la defensiva?
- ¿De qué manera daño a otros?
- ¿De qué maneras me he dañado a mí mismo?
- ¿De qué manera mi deshonestidad ha dañado a los demás o a mí mismo?
- ¿A quién he dañado por mis resentimientos?
- ¿A quién he dañado por necesidad de mantener el control?

NOTAS

NOTAS

NOTAS

> *Codependientes Anónimos siempre debe mantener su carácter no profesional, pero nuestros Centros de Servicio pueden emplear trabajadores especiales.*
>
> —Octava Tradición

Esta Tradición nos otorga una importante guía: CoDA debe de permanecer siempre con un carácter no profesional. Eso significa que en las juntas de CoDA y en los grupos de servicio, no trabajamos como profesionales. Por tanto, los miembros de CoDA con credenciales participan en las juntas sólo como miembros en recuperación de nuestra Fraternidad. Nos reunimos como codependientes con un solo propósito, que es llevar el mensaje de recuperación al compartir nuestra experiencia, fortaleza y esperanza. Esta Tradición también nos ayuda a mantener nuestra equidad y humildad, valorándonos entre nosotros como miembros de una recuperación espiritual.

Cuando hacemos nuestro servicio para CoDA, podemos considerar necesario emplear algunos trabajadores que cubran profesionalmente ciertas necesidades de la Fraternidad. Estos trabajadores especiales ocupan posiciones que los voluntarios de CoDA no estarían capacitados para llenar por cuestiones de tiempo, facilidades o habilidades especiales. Los trabajadores especializados incluyen ayudas administrativas, contadores y abogados. Como miembros de la Fraternidad, mantenemos una actitud personal de recuperación y evitamos tener aires de superioridad.

Los miembros de nuestra Fraternidad que se motivan para dar un servicio lo hacen de manera no profesional. Los servidores de confianza son responsables ante aquellos a quienes sirven (tanto si es un individuo, la junta de un grupo o instancias más grandes de CoDA), y hacen los trabajos que se le piden en ese grupo. Los trabajadores de confianza no crean sus responsabilidades. Recordamos que los servidores de confianza son codependientes en recuperación y no los vemos como profesionales ni como líderes. También recordamos que para el propósito de CoDA sólo existe una autoridad, tal como la define la Segunda Tradición: *un amoroso Poder Superior que se expresa en la conciencia de grupo.*

Si algunos de nuestros servidores de confianza tienen vidas profesionales, también están obligados a establecer una frontera y mantener su servicio en el programa separado de su profesión. En la Sexta Tradición aprendimos la importancia de no distraernos por el dinero, la propiedad ni el prestigio. Y al permanecer con un perfil bajo y sin ánimos profesionales nos ayudamos a mantener esta Tradición. Es frecuente y fácil para los codependientes admirar y endiosar a la persona que tiene prestigio y estatus profesional. Sin embargo, al tener en mente que somos sólo servidores y mantenemos posiciones por períodos cortos, nos ayuda a recordar que nuestra meta es espiritual y no profesional. Todo lo anterior protege a nuestro programa de modo que los miembros de nuestras Fraternidad experimenten su propia recuperación espiritual.

En las convenciones, conferencias y talleres de CoDA debemos recordar que los miembros sólo ofrecen experiencia, fortaleza y esperanza. En CoDa a nadie se le paga por compartir en juntas, como padrinos, ni en ninguna otra actividad que implique el Doceavo Paso. No ofrecemos consejos ni respuestas a otros miembros. Este acercamiento no profesional genera seguridad para los miembros. Tomamos lo que necesitamos y queremos y soltamos lo demás. En nuestra recuperación de la codependencia al usar los Doce Pasos y las Doce Tradiciones aprendemos a escuchar nuestras propias respuestas dentro de nosotros mismos. Y en esta atmósfera cada uno de nosotros experimenta la seguridad de trabajar el programa a su propio ritmo.

Al utilizar la literatura aceptada por la conferencia de CoDA apoyamos este ambiente no profesional. Nuestro programa se basa en los Doce Pasos y Doce Tradiciones de CoDA y en el resto de la literatura de CoDA escrita por miembros de nuestra Fraternidad, cuando ellos comparten experiencia, fortaleza y esperanza respecto de su propia recuperación de la codependencia. La Octava Tradición es un ejemplo de la manera como nuestras Tradiciones nos protegen de nosotros mismos.

CoDA es un programa que se funda en estos Doce Pasos y Doce Tradiciones. Soltamos la dependencia que pudiésemos mostrar a otros y aceptamos la guía de nuestro amoroso Poder Superior. Esta guía apoya la naturaleza espiritual de nuestro programa y de esta manera nos mantenemos no profesionales por siempre.

Codependientes Anónimos siempre debe mantener su carácter no profesional, pero nuestros Centros de Servicio pueden emplear trabajadores especiales.
—Octava Tradición

Estas preguntas tienen la intención de ayudarte a trabajar la Octava Tradición:

- ¿Cómo apoya la parte espiritual de nuestro programa la Octava Tradición?

- ¿Por qué es importante que CoDA permanezca no profesional? ¿Qué significa esto para mí?

- ¿Cómo puedo apoyar mi junta para mantener un ambiente no profesional?

- ¿Por qué no empleamos a oradores profesionales o a líderes en los talleres?

- ¿Cómo aplica esta Tradición a una junta que utiliza literatura no aceptada por la Conferencia de CoDA?

- ¿Cómo se relaciona la segunda parte de esta Tradición con la primera?

- ¿Qué son los trabajadores especiales? ¿Bajo qué circunstancias podría CoDa emplear a alguien especializado?

- ¿Pueden ser estos trabajadores especializados personas que no están en CoDA?

- ¿Qué podría hacer un centro de servicio?

- ¿Por qué esta Tradición es importante para el bienestar de nuestros miembros y de CoDA como un todo?

NOTAS

NOTAS

NOTAS

Reparamos directamente a cuantos nos fue posible el daño causado,
excepto cuando el hacerlo implicaba perjuicio para ellos o para otros.
—Noveno Paso

El trabajo de cada uno de los Pasos anteriores, nos acondiciona para la acción que es necesario tomar en el Noveno Paso. Hemos escrito nuestro inventario moral, reconocido nuestros defectos de carácter y nos hemos hecho conscientes de nuestras conductas codependientes. Para continuar con nuestra recuperación, experimentamos lo que es encontrarnos totalmente dispuestos a que Dios trabaje en nuestras vidas. Aprendemos a pedir humildemente a Dios que remueva de nosotros lo que ya no nos es útil ni funcional en nuestra vida. Todo lo anterior nos ubica en un sitio de honestidad, mientras lidiamos con nuestras reparaciones.

En el pasado, podemos haber minimizado el efecto de nuestra persona sobre los demás. Es difícil responsabilizarnos de nuestras acciones, si consideramos que ellas no tienen impacto. Sin embargo, al cambiar nuestras actitudes y nuestras acciones, dejamos de ser ilusos. Dejamos atrás la creencia de que nuestras palabras y acciones, son insignificantes. En el Octavo Paso fuimos honestos con nosotros mismos respecto de nuestros comportamientos pasados. Hicimos, además, nuestra lista de las personas posiblemente dañadas. Por haber sido honestos para percibirnos a nosotros mismos, comprobamos que nos sentimos liberados de cargas antiguas de culpa y vergüenza. Y este paso nos acondiciona para ser aún más honestos con nosotros mismos, mientras comenzamos a hacer nuestras reparaciones. Las reparaciones son nuestra verdad pura, sin culpa, evasión, justificación ni manipulación. Nos hacemos responsables de nuestra experiencia. Comprendemos que las reparaciones significan nuestro compromiso para cambiar, con la ayuda de nuestro amoroso Poder Superior.

Apoyamos nuestro compromiso de recuperación cuando hacemos reparaciones hacia los demás y, en paralelo, cuando las hacemos hacia nosotros mismos. Por ejemplo, ¿Acaso nuestros chismes han dañado la reputación de alguien? A la vez que hacemos la reparación, necesitamos cambiar nuestro comportamiento y evitamos las intrigas. Cuando hacemos un esfuerzo honesto para cambiar nuestro propio comportamiento, nos volvemos conscientes y presentes en nuestras conductas y evitamos engancharnos en comportamientos dañinos para nosotros y para otros. Luego, soltamos nuestra culpa y nuestra vergüenza, y nos perdonamos por nuestras imperfecciones.

En estos niveles de recuperación, cuando hemos vivido las experiencias anteriores, consideramos que nosotros mismos somos lo suficientemente importantes para incluirnos en nuestras reparaciones. Para muchos de nosotros, esto nos parece muy novedoso y resulta contrario a nuestra enfermedad de codependencia, que nos mantenía presos en la creencia de que importábamos o valíamos menos que los demás. ¿Cómo hacemos reparaciones hacia nosotros mismos? Las respuestas son tan diversas y creativas como el número de miembros de CoDA. Cuando en verdad contemplamos la posibilidad de hacer reparaciones hacia nosotros mismos, comprendemos que practicar las reparaciones hacia nosotros mismos nos hace sentir curados y contentos. Nos tratamos de modos diferentes y hacemos lo posible para no abandonarnos a nosotros mismos. Valoramos nuestras necesidades y consideramos que nuestros deseos, necesidades y sentimientos son tan importantes como los del resto. Y, aún más, existen situaciones en las que nuestras necesidades son mucho más importantes para nosotros mismos que los deseos, insinuaciones, sugerencias y mandatos de otros.

Es muy importante trabajar el perdón en nosotros antes de hacer reparaciones. Cuando soltamos el pasado, aceptamos la verdad de él y aprendemos sobre nuestra libertad para elegir -según hemos aprendido en la recuperación sólo por hoy- comenzamos a sentir paz interna. A menudo, esta sensación es completamente nueva para nosotros. En ocasiones, esta es nuestra primera experiencia de perdón. Él abre la puerta hacia la restauración de las relaciones con nosotros mismos y con todos los demás. Sin perdón, albergamos resentimientos y nuestras reparaciones podrían no ser genuinas. En este momento, no actuamos como si. Más bien, permitimos que nuestro Poder Superior nos guíe y apoye para ser honestos con nosotros y con los demás. En momentos de confusión, resulta de gran ayuda hablar con nuestro padrino/madrina y con otros compañeros en recuperación. Ganamos claridad y nos es más sencillo determinar qué es nuestro y qué no. Soltamos la parte de la otra persona y nos responsabilizamos únicamente de la nuestra. Así, cuando hacemos reparaciones, tenemos una sensación de ligereza y de libertad respecto de las penosas cargas de híper-responsabilidad, culpa y vergüenza. Vivir libre de resentimientos es una reparación en y por sí misma.

Cuando nos preparamos para realizar nuestras reparaciones, un modo de cuidar de nosotros mismos es planear la manera como deseamos hacerlas. Podemos compartir nuestro plan y nuestra lista con nuestro padrino, con nuestra madrina o con otra persona digna de confianza. Al escuchar la experiencia, fortaleza y esperanza de otros, nos ayudamos a considerar cómo hacer reparaciones y a quién. En este Paso, se nos sugiere que hagamos reparaciones directamente en todos los sitios o situaciones posibles. En ocasiones, lo anterior puede ocurrir con personas con quienes no nos sentimos seguros necesariamente y, por tanto, no es aconsejable realizar reparaciones directas. Podemos trabajar con nuestra madrina/padrino para encontrar modos significativos y seguros. Así, podemos hacer reparaciones directas, sin poner en riesgo nuestro bienestar. En otras ocasiones, en las que no es posible hacer reparaciones directas con la persona, debemos encontrar maneras de cuidarnos a nosotros mismos. Podemos hablar con una persona confiable antes y después de hacer la reparación. También podemos ponernos límites de tiempo. Y podemos solicitar que no haya diálogo ni intercambios cuando hacemos la reparación. Asimismo, podemos prepararnos de antemano para soltar resultados y expectativas. Nuestro Poder Superior se encuentra con nosotros y podemos recordar que somos capaces de cuidar de nosotros mismos.

El Noveno Paso afirma que hacemos todas las reparaciones posibles. Sin embargo, podemos tener pendientes las que debemos a quienes han muerto, o a las personas cuyo paradero ignoramos, así como en situaciones en las que dañaríamos más que sanar y hacer el bien. Algunas veces, alguien se niega a escuchar una reparación que quisiéramos hacer. Entonces, encontramos un sustituto para realizarlas: las escribimos en un cuaderno y las compartimos con nuestro padrino/madrina, o con alguien que sea confiable y que no esté involucrado en la circunstancia. En otras ocasiones, podemos hacer el bien en situaciones presentes, mucho más que lo que nos fue posible en el pasado. Por ejemplo, si debemos una reparación a uno de nuestros progenitores que ya no está con nosotros, podemos ser amables con una persona mayor y dedicarle tiempo, atención y respeto. Si no podemos hacer reparaciones con nuestros hijos, podemos anotarnos como voluntarios en servicios para niños o para jóvenes, o bien pasar más tiempo agradable con los pequeños que están presentes en nuestras vidas. Con frecuencia, estas reparaciones se denominan en vida o reparaciones sobre la marcha y representan una parte profunda y llena de significado de nuestra recuperación.

Otros modos para hacer reparaciones en vida para nosotros mismos y para otros, son:

• Decir no, con el fin de cuidar de nosotros mismos.
• Expresar una opinión diferente y soltar lo que el otro o los demás pudiesen pensar.
• Escuchar a otros y soltar nuestra creencia de que todos deberíamos ser y sentir lo mismo.
• Permitir a otros la dignidad de vivir su vida a su modo.
• Vivir nuestra vida de manera diferente, puesto que estamos en recuperación.

Las reparaciones no significan quitar peso de nuestro pecho a costa de otros. No tienen que ver sólo con limpiar una atmósfera densa. Más bien, se trata de ejercicios espirituales que nos permiten ser humildes observadores de nuestras actitudes y acciones. El comportamiento sano puede representar una de nuestras reparaciones más sanas y más poderosas. Es una prueba y un reto para nuestra recuperación. Y este puede ser el regalo más grandioso que alberga y nos otorga la práctica del Noveno Paso.

Reparamos directamente a cuantos nos fue posible el daño causado, excepto cuando el hacerlo implicaba perjuicio para ellos o para otros.
—Noveno Paso

Estas preguntas tienen la intención de ayudarte a trabajar tu Noveno Paso:

- ¿Qué son las reparaciones?

- ¿Cómo puedo prepararme para mi trabajo de reparaciones?

- ¿Cuál considero que es el propósito de hacer reparaciones?

- ¿Cómo puedo saber si mis reparaciones podrían herirme a mí o a otros?

- ¿Cuál es mi intención y mi motivo al hacer una reparación?

- ¿Cómo puedo perdonar a los otros, antes de hacer una reparación? ¿Es necesario sentir a fondo el perdón?

- ¿Cómo puedo soltar mis expectativas cuando hago reparaciones? ¿Por qué es importante lograrlo?

- ¿Cómo cuido de mí mismo cuando hago reparaciones? ¿Qué herramientas o Pasos utilizo para mantener mis reparaciones sencillas, seguras y claras?

- ¿Cómo podría hacer reparaciones conmigo mismo?

- ¿Qué acciones alternativas puedo llevar a cabo si las reparaciones directas no son viables?

- ¿Qué significa para mí reparaciones en vida o sobre la marcha?

NOTAS

NOTAS

NOTAS

NOTAS

NOTAS

CoDA, como tal, nunca debe ser organizada; pero podemos crear juntas o comités de servicio que sean directamente responsables ante aquellos a quienes sirven.
—Novena Tradición

Esta Tradición al establecer que CoDA, como tal, no debe estar organizada, protege la estructura de servicio de CoDA, de modo que sea útil en las necesidades cambiantes de la Fraternidad. Ésta otorga dirección a los comités de servicio, conformados a su vez por servidores de confianza, y el trabajo se realiza con ese acuerdo. No hay agendas, reglas ni regulaciones que poner en marcha ni reforzar. Nuestra guía proviene de los Pasos, las Tradiciones y de nuestro Poder Superior, tal como se revelan en nuestras conciencias, a través del proceso de conciencia de grupo.

Cada una de las juntas de CoDA es libre de atender las necesidades específicas y prácticas de sus miembros, en el marco de las Doce Tradiciones de Codependientes Anónimos. La Novena Tradición protege esta libertad para cada uno de los grupos de CoDA. Cada junta o grupo de servicio apoya esta Tradición al honrar la rotación de las posiciones de servicio. Al hacerlo, las responsabilidades pasan de mano en mano, y existe un flujo de servicio y de energía. Los cambios en las posiciones también previenen el dominio de individuos que pudiesen liderar y controlar. Evitan estructuras rígidas y organizadas.

Los Pasos se convierten en nuestra guía personal para la espiritualidad y las Tradiciones orientan a los grupos en la rotación de las posiciones de servicio. Cuando trabajamos el Noveno Paso, nos ayudamos a la aplicación de la Novena Tradición. El eslabón que une al Noveno Paso y la Novena Tradición, es el requerimiento para cada uno de nosotros de ser responsables. En el Noveno Paso, nos hacemos responsables de nosotros y de nuestras acciones y reconocemos nuestro derecho de ser, pensar y sentir. A la vez, reconocemos el mismo derecho para todos los demás. En la Novena Tradición aceptamos nuestra responsabilidad de confiar en la autoridad del grupo de conciencia de aquellos a quienes servimos. Soltamos nuestros deseos personales y se nos recuerda que el poder de CoDA reside en nuestro Poder Superior colectivo y en la conciencia de grupo de la Fraternidad.

En ocasiones, es necesario crear consejos y comités para llevar a cabo las tareas del servicio. Algunos de estos servicios incluyen enviar correos electrónicos a las listas de los grupos, planear conferencias y convenciones, así como mantener el servicio telefónico. La estructura de servicio de CoDA está hecha para grupos de voluntarios que deseen hacer servicio, conformados en consejos y en comités, para servir a la totalidad de la Fraternidad. Algunos de los servicios internacionales crean literatura, la publican y distribuyen. Otros, atienden la página web. Otros más, se comunican con los miembros de la Fraternidad y otros más, atienden las finanzas. Estos consejos, comités y, por tanto, miembros, deben ser diligentes en su responsabilidad directa para obedecer a la conciencia de grupo, que es a quienes en realidad sirven.

Codependientes Anónimos, Inc. –CoDA- y Recursos de Publicación, CoDA, Inc. –CoRE- cuentan con estructuras separadas, con ciertos deberes legales para actuar con responsabilidad respecto de los asuntos de cada una de estas corporaciones, que están separadas. Sin embargo, su propósito común es servir a la Fraternidad de CoDA. Algunas comunidades de CoDA pueden firmar contratos relativos a rentas, o para conseguir el estatus legal de Asociación Civil, sin fines de lucro. También, pueden firmar para manejar seguros, por ejemplo, y para otras necesidades más. Todas estas corporaciones deben de estar libres de organización interna, en lo posible. Los líderes cuentan con posiciones de responsabilidad pero la última autoridad de todos, es el grupo de conciencia. Los Doce

Pasos y las Doce Tradiciones de Codependientes Anónimos nos guían a todos. Considerando a CoDA como un todo, la Novena Tradición nos recuerda que CoDA está guiada por la conciencia de grupo de la Fraternidad entera, nunca por la voluntad de algunos individuos.

CoDA, como tal, nunca debe ser organizada; pero podemos crear juntas o comités de servicio que sean directamente responsables ante aquellos a quienes sirven.
—Novena Tradición

Estas preguntas tienen la intención de ayudarte a trabajar la Novena Tradición:

- ¿Cuál es la diferencia entre una organización y una Fraternidad?

- ¿Qué significa para mí estar organizado, tal como se utiliza bajo esta Tradición?

- ¿Qué importancia tiene soltar mi agenda personal, al actuar como servidor de confianza?

- ¿Cómo ayuda mi trabajo personal de los Pasos, para aplicar la Novena Tradición?

- ¿Por qué CoDA tiene comités y cuenta con servicios diversos?

- ¿Cómo nos ayuda nuestra estructura informal en nuestro trabajo de servicio?

- ¿Cómo puede interferir mi codependencia e impedir que yo sea directamente responsable de aquellos a quienes sirvo?

- Por ser el trabajo en CoDA completamente voluntario ¿Cómo puede afectar mi deseo de realizar mi trabajo de servicio?

- Cuando hago el trabajo de servicio ¿Cómo puedo recordar que soy responsable de aquellos a quienes sirvo? ¿Por qué es tan importante lo anterior?

- ¿Cómo apoya la Novena Tradición mi propia recuperación?

NOTAS

NOTAS

NOTAS

Continuamos haciendo nuestro inventario personal y cuando nos equivocábamos lo admitíamos inmediatamente.
—Décimo Paso

El Décimo Paso nos pide que continuemos haciendo inventarios personales. Este ejercicio nos conecta con nuestro programa y nos ayuda a incrementar nuestra conciencia. Este Paso se refiere a un inventario personal y nos ofrece una herramienta adicional. El inventario moral en el Cuarto Paso nos ayudó a entender nuestra historia. Un inventario personal nos ayuda a observar las elecciones por las que nos inclinamos sólo por hoy, y las decisiones que tomamos día a día. ¿De qué modo apoyan nuestra vida estas elecciones y estas decisiones? ¿Nos va bien, regular o mal? Cuando no estamos en lo correcto para nosotros con nuestras elecciones y decisiones, este Paso nos indica que lo admitamos rápidamente. Las palabras que formulan el Décimo Paso nos ofrecen una perspectiva clara de nuestra propia humanidad. Cuando nos equivocábamos, significa que, en ocasiones, -en efecto- estamos en lo incorrecto. No somos -y no podemos ser- perfectos. Luego entonces, el Décimo Paso apoya nuestra relación con nuestro Poder Superior.

Desarrollar una lista personal de verificación es una manera de trabajar nuestro Décimo Paso. Aunque podamos considerar este Paso como uno que se lleva a cabo al final del día, algunos de nosotros hemos encontrado útil hacer un inventario hacia medio día. Lo anterior nos ayuda reconectarnos con nosotros mismos y a centrarnos, mientras nos movilizamos hacia nuestras actividades de la tarde y de la noche.

Algunas sugerencias para el listado de verificación personal, pueden ser las siguientes:

- ¿Vivo según la Voluntad de mi Poder Superior?
- ¿Practico la gratitud?
- ¿Hice oración o practiqué meditación?
- ¿Me comuniqué de modos sanos el día de hoy?
- Si tuve comportamientos codependientes el día de hoy ¿En qué consistieron esas conductas?
- ¿Descanso lo suficiente? ¿Le doy espacio a la diversión?
- ¿Hice ejercicio el día de hoy? ¿Una caminata, nadar o alguna actividad de auto-cuidado?
- ¿Tengo una dieta sana?
- ¿Honré mis sentimientos el día de hoy?
- ¿Me cuidé a mí mismo, hoy?

Este Paso nos ayuda a estar al corriente -y muy presentes- en nuestras propias vidas. Cuando usamos el Décimo Paso, estamos al tanto de nosotros mismos, día a día. ¿Completamos aquello que nos propusimos hacer, sólo por hoy? ¿Soltamos los comportamientos codependientes, tales como el deseo de cambiar a otros o de controlarlos? ¿Observamos lo positivo y celebramos nuestros nuevos comportamientos y nuestra propia recuperación?

Sentir diferente y tener perspectivas distintas de los demás, de otros o de otro, no significa que estemos en un error. Al utilizar el Décimo Paso nos ayudamos a entender cuál es nuestra parte y cuál es nuestra responsabilidad específica. No utilizamos este Paso para lograr aprobación, para tener la razón ni para resolver nuestras sensaciones de ansiedad y de preocupación. En la recuperación, antes de reaccionar, disminuimos nuestra velocidad de respuesta, miramos la situación con detenimiento, hasta verla con claridad y luego actuamos, si es que es necesario, o si acaso hay algo que en verdad nos toque hacer a nosotros.

Nos recordamos a nosotros mismos todos los días que la imperfección es humana y que no tenemos que exigirnos perfección. Al admitir que sólo somos humanos, podemos centrar nuestra atención en nuestra recuperación. Con nuestro Poder Superior, nos es posible cambiar, al ser honestos respecto de nuestros defectos de carácter… y admitirlos. Cuando admitimos y soltamos, nos fortalecemos para hacer y vivir la voluntad de Dios. Podemos perdonarnos y desarrollar una relación amorosa con nosotros mismos.

Cuando sabemos que hemos incurrido en incorrecciones, nos beneficia actuar con rapidez, para evitar que inventemos historias en nuestra cabeza y nos convenzamos con nuestros propios discursos de lo contrario. Cuando tenemos dudas de nuestra necesidad de hacer reparaciones, podemos pedir la guía de nuestro Poder Superior para tener claridad. Cuando admitimos nuestros errores, soltamos la meta imposible de ser perfectos. Cuando necesitamos o queremos hacer una reparación y la persona no está disponible, podemos trabajar en nuestro amadrinamiento/apadrinamiento, con nosotros mismos y con nuestro Poder Superior. Y cuando admitimos nuestra incorrección, experimentamos una nueva libertad.

El Décimo Paso nos enseña a revisar nuestro comportamiento regularmente. El trabajo que hacemos con este Paso nos ayuda a incrementar nuestra conciencia para comprender en qué situaciones y en cuáles circunstancias necesitamos practicar una conducta nueva para nosotros. Ser codependientes no es algo que podemos dejar de ser de manera simple. Y no podemos cambiar nuestras conductas por decreto, ni inmediatamente. Sin embargo, a través de este Paso, comenzamos a vivir con más honestidad una vida más plena. El Décimo Paso es un ancla cotidiana en nuestro proceso de recuperación, que nos libera a nosotros mismos de nuestros lazos de codependencia.

Continuamos haciendo nuestro inventario personal y cuando nos equivocábamos lo admitíamos inmediatamente.
—Décimo Paso

Estas preguntas tienen la intención de ayudarte a trabajar el Décimo Paso:

- ¿Cuál es el propósito del Décimo Paso?

- ¿Qué significa para mí hacer un inventario personal? ¿Acaso es diferente este inventario al inventario moral del Cuarto Paso? ¿Por qué?

- ¿Cómo es que el Décimo Paso hace resaltar mi recuperación?

- ¿Qué comportamientos codependientes míos, personales, me conviene incluir en mi lista de verificación de codependencia?

- ¿Cuál es mi lista de comportamientos positivos en mi Décimo Paso, sólo por hoy?

- ¿Por qué vale la pena contrastar en mi Décimo Paso mis comportamientos positivos, mis actitudes en la recuperación y mis comportamientos codependientes?

- ¿Cómo sé cuando no actúo correctamente? ¿Qué comportamientos exhibo?

- ¿Qué obstaculiza la admisión de mis incorrecciones?

- ¿Tengo la tendencia de considerar que siempre estoy mal, o que siempre tengo la razón? ¿Cómo se relacionan estos comportamientos con este Paso?

- ¿Cómo es que el Décimo Paso me ayuda a mantenerme humilde?

- ¿De qué manera me ayuda este Paso a soltar y a vivir en el presente?

- ¿Quiero trabajar el Décimo Paso en mi rutina cotidiana?

NOTAS

NOTAS

NOTAS

CoDA no tiene opinión acerca de asuntos ajenos; por consiguiente, su nombre nunca debe mezclarse en controversias públicas.
—Décima Tradición

La Décima Tradición otorga a la Fraternidad de CoDA una guía directa: CoDA no tiene opinión sobre asuntos externos. Estas palabras definen un límite para CoDA. Al seguir este lineamiento, la Fraternidad puede evitar la controversia pública. Como miembros de la Fraternidad, no representamos a Codependientes Anónimos en público en ningún asunto. CoDA no tiene opinión alguna, fuera de la Fraternidad.

Evitar toda controversia en niveles personales es abstenerse de dar consejos a otros, evitamos controversias para la Fraternidad al no ofrecer opiniones en asuntos y temas que no se relacionan con CoDA. Un modo de eliminar la controversia en el grupo, es evitar fuentes externas a CoDA, como libros o talleres. En CoDA, usamos la guía de los Pasos, las Tradiciones de Codependientes Anónimos y la literatura sustentada por la Conferencia. Y esto crea un medio seguro y claro para los recién llegados, para nosotros mismos y para CoDA como un todo.

Cuando nos reunimos en CoDA, ponemos nuestro bienestar común en primer lugar. Nuestra recuperación personal depende de nuestro compromiso con la unidad de CoDA. Experimentamos fortaleza en la Fraternidad cuando mantenemos el compromiso de nuestro bienestar común. Con la mente en nuestro propósito primario y más importante, dejamos a un lado nuestras diferencias y damos la bienvenida a aquellos que desean relaciones sanas y amorosas. Aprendemos que cualquier asunto externo puede distraernos de nuestro propósito más importante, establecido en nuestra Quinta Tradición: Cada grupo tiene sólo un propósito esencial: llevar el mensaje a otros codependientes que aún sufren.

La Décima Tradición también protege la naturaleza espiritual de nuestro programa. Nos reunimos para compartir nuestra experiencia, fortaleza y esperanza en la recuperación de la codependencia. Las juntas de CoDA no son lugares para discutir nuestras opiniones respecto de los asuntos externos. Y al honrar esta Tradición, proveemos un lugar seguro para todos, sin importar las preferencias religiosas o políticas. No importa qué hacemos ni lo que hagamos. Lo que sí importa es que cada uno de nosotros trabajemos los Pasos, sigamos las Tradiciones, y deseemos relaciones sanas y amorosas.

CoDA no tiene opinión acerca de asuntos ajenos; por consiguiente, su nombre nunca debe mezclarse en controversias públicas.
—Décima Tradición

Estas preguntas tienen la intención de ayudarte a trabajar la Décima Tradición:

- ¿Qué límites están establecidos en esta Tradición?

- ¿Qué significa para mí un asunto externo?

- ¿Qué significa para mí controversia pública?

- ¿Cómo ayuda esta Tradición al recién llegado?

- ¿Cómo se relaciona el Décimo Paso con la Décima Tradición?

- ¿Cómo practico yo esta Tradición?

- ¿De qué manera protege esta Tradición la espiritualidad en la que se basa este Programa?

- Si alguien en mi grupo promueve la afiliación religiosa, política o de cualquier índole • ¿Viola la Décima Tradición?

NOTAS

NOTAS

NOTAS

NOTAS

Buscamos a través de la oración y de la meditación mejorar nuestro contacto consciente con Dios, tal como nosotros lo concebimos, pidiéndole solamente nos dejase conocer su voluntad para con nosotros y nos diese la fortaleza para cumplirla.
—Onceavo Paso

El Onceavo Paso es una herramienta esencial en la recuperación de la codependencia. Nos recuerda que este Programa no se detiene y que nuestro trabajo para mantenerlo, necesita ser cotidiano. Cuando mejoramos nuestro contacto con Dios a través de la oración y la meditación, percibimos con más agudeza la voluntad de Dios para nosotros. Se nos pide que dejemos nuestras luchas por controlar y que recurramos a Dios para obtener guía, tal como entendemos a nuestro Poder Superior, a Dios. Este Paso es una de nuestras guías para desarrollar relaciones más honestas y sanas. Al querer mejorar nuestro contacto consciente, humildemente aceptamos nuestra jornada de recuperación.

La oración y la meditación diarias, nos conectan con el Dios de nuestro entendimiento y con el modo en que queremos vivir, sólo por hoy. Es nuestro modo de reconocer que nunca estamos solos. Y también, es nuestra pequeña porción de tiempo que nos permite recordar humildemente nuestros defectos de carácter. Ellos han sido nuestro obstáculo para reconocer la voluntad de Dios.

Nuestro acercamiento a la oración y a la meditación es diverso. Para muchos de nosotros, no es un evento formal. Otros más, necesitan la comunicación con la naturaleza. Hay quienes pronuncian palabras como serenidad y amor, con el fin de sentir silencio dentro de sí mismos. Otros, emplean afirmaciones para traer a su Poder Superior a sus pensamientos, mientras que otros se arrodillan en silencio y con recogimiento. Algunos se sientan y respiran profundamente y otros se hablan a sí mismos para lograr conexión interior consigo mismos y con su Poder Superior. La oración y la meditación son nuestros métodos para mejorar nuestro contacto consciente con el Dios de nuestro entendimiento. No importa cómo recemos ni meditemos. Lo que interesa es que lo hagamos.

Este paso nos dice que recemos solo para el conocimiento de la voluntad de Dios para nosotros y el poder para llevar esto a cabo. A través de la oración y la meditación mejoramos nuestro contacto consciente e incrementamos el conocimiento de nuestra propia realidad. A medida que trabajamos este paso encontramos el poder que necesitamos para cumplir con la voluntad de Dios.

Al saber que tenemos un amoroso Poder Superior, encontramos fuerza y poder para llevar a cabo la voluntad que Dios tiene para nosotros. A través de la oración y la meditación, apreciamos la conexión que existe en los eventos de nuestras vidas. Hemos llegado a creer que existe un poder más grande que nosotros y que estamos dispuestos a poner nuestra vida al cuidado del Dios de nuestro entendimiento, tal como lo establecimos en el Tercer Paso. Y somos capaces de reflejar en nuestras vidas este milagro, con gratitud hacia nuestro Poder Superior.

*Buscamos a través de la oración y de la meditación mejorar
nuestro contacto consciente con Dios, tal como nosotros lo concebimos,
pidiéndole solamente nos dejase conocer su voluntad para con nosotros
y nos diese la fortaleza para cumplirla.*
—Onceavo Paso

Estas preguntas tienen la intención de ayudarte a trabajar tu Onceavo Paso:

- ¿Qué es lo que me invita a utilizar este Paso; es decir, qué impulsa mi necesidad de practicarlo?

- ¿Cómo utilizo el Onceavo Paso cuando tengo un problema?

- ¿Qué diferencias específicas y concretas experimento a raíz de practicar este Paso?

- ¿Cómo utilizo el Onceavo Paso para apoyar mi recuperación?

- ¿Cómo me ayudan la oración y la meditación para reconocer que la ayuda de Dios simplifica mi vida?

- ¿Qué es oración? ¿Qué tal voy en mi aprendizaje de la oración?

- ¿Qué es la meditación? ¿Cómo voy en mi aprendizaje de lo que significa meditar?

- ¿Cuál es el Dios de mi entendimiento, hoy?

- ¿Qué significa para mí contacto consciente con Dios?

- ¿Cómo reconozco la voluntad de Dios para mí? ¿Confío en mí para ser capaz de reconocer la voluntad de Dios para mí?

- ¿Cómo diferencio mi voluntad, de la voluntad de Dios?

- ¿Con qué poder cuento para llevar a cabo la voluntad de Dios para mí?

- ¿Por qué este Paso nos sugiere orar sólo para conocer la voluntad de Dios para nosotros, y la fuerza para cumplirla?

NOTAS

NOTAS

NOTAS

NOTAS

Nuestra política de relaciones públicas se basa en atracción más que en promoción; nosotros necesitamos mantener el anonimato personal ante la prensa, radio y cine.
—Onceava Tradición

La Onceava Tradición pone límites para la Fraternidad y para sus miembros con respecto a la interacción con el público. Se otorgan dos lineamientos. Primero, "las relaciones públicas de CoDA se establecen por atracción, más que por promoción". Segundo, como miembros de CoDA, "mantenemos el anonimato en niveles de medios masivos de comunicación: prensa, radio y cine".

¿Qué es la atracción? Es una fuerza que mantiene a las personas unidas. Todo miembro de CoDA que practica la recuperación tiene una belleza interna que atrae a los otros. Confiamos en ella, cuando enfrentamos al público en relación con CoDA, en lugar de contar con publicaciones o con profesionales del mundo de afuera. ¿Cuáles son los métodos para atraer a nuevos miembros? Damos a conocer los lugares y los horarios de las juntas de CoDA, sin prometer resultados. Y, también, leemos y distribuimos la literatura respaldada por la Conferencia de CoDA.

Con el simple hecho de vivir nuestro Programa, la atracción es posible. Cuando otros reconocen nuestros cambios, nuestra serenidad y nuestra honestidad, comenzamos a escuchar preguntas: "¿Qué hiciste para cambiar?", o "¿Cuándo cambiaste?". Si es pertinente, compartimos nuestra experiencia personal, fortaleza y esperanza en nuestra vida dentro de la recuperación, y de las diferencias que hay con respecto a nuestra vida anterior. Al compartir honestamente acerca de nuestra recuperación, hay una fuerza de atracción para posibles nuevos miembros de la Fraternidad.

La Onceava Tradición nos pide evitar la promoción. ¿Qué es la promoción? Puede ser el hecho de que mostremos nuestras credenciales de profesión. También, obtener ganancias, dar consejos y expresar opiniones: como el afirmar que al asistir a las juntas de CoDA se enderezará un matrimonio, o que con seguridad la persona se sentirá mejor luego de permanecer un mes en Programa. Otra forma poco apropiada de promover, sería afirmar que un autor famoso recomienda Codependientes Anónimos, o cualquier tipo de publicidad que vaya más allá de la simple información acerca de las juntas.

Otro aspecto de esta Tradición habla sobre el anonimato. Anónimo significa "sin identificación declarada". El anonimato personal apoya los límites a los que tiene derecho cada uno de los miembros para conservarlo en niveles de relaciones públicas. Cuando todos los que estamos en recuperación mantenemos nuestro anonimato, obtenemos la unidad que necesitamos para nuestra recuperación personal. Continuamos viviendo nuestro Programa individual. CoDA no muestra jerarquías, de modo que ninguna persona puede hablar de CoDA como un todo.

¿Por qué tenemos una política relativa a las relaciones públicas? "Cada grupo tiene sólo un propósito principal: llevar el mensaje a otros codependientes que aún sufren", según lo establece la Quinta Tradición. Además, El Doceavo Paso nos recuerda: "Llevar el mensaje a otros codependientes y practicar estos principios en todos nuestros asuntos". Para poder llevar a cabo nuestro propósito, damos información sobre las juntas y literatura de CoDA. Ofrecemos nuestra experiencia, fortaleza y esperanza y dejamos el resto al cuidado de nuestro Poder Superior.

Nuestra política de relaciones públicas se basa en atracción más que en promoción; nosotros necesitamos mantener el anonimato personal ante la prensa, radio y cine.
—Onceava Tradición

Estas preguntas tienen la intención de ayudarte a trabajar la Onceava Tradición:

- ¿Qué significa para mí "atracción más que promoción"? ¿Porqué la atracción es distinta a la promoción?

- ¿Cuál es nuestra política de relaciones públicas?

- ¿Qué significa para mí mantener anonimato personal en niveles de prensa, radio y cine?

- ¿Por qué considero que es importante mantener el anonimato personal en nuestras relaciones públicas? ¿Cómo lo logro?

- ¿Cómo es que esta Tradición apoya la naturaleza humilde y espiritual de nuestro Programa?

- ¿Cómo aplico esta Tradición cuando hablo acerca de mi experiencia con alguien fuera del Programa?

- ¿Qué sentimientos o pasiones codependientes brotan de mí cuando trabajo esta Tradición?

- ¿Cómo se relaciona la primera parte de esta Tradición con la segunda parte de la misma?

- ¿Cómo podría dañar a CoDA el rompimiento del anonimato?

- ¿Cómo atrae a nuevos miembros la junta de CoDA a la que asisto?

NOTAS

NOTAS

NOTAS

NOTAS

Habiendo obtenido un despertar espiritual como resultado de estos pasos, tratamos de llevar el mensaje a otros codependientes y de practicar estos principios en todos nuestros asuntos.

—Doceavo Paso

El Doceavo Paso nos dice que el resultado del trabajo de los Pasos es un despertar espiritual. Un despertar espiritual puede ser descrito como el modo en el que los miembros encuentran a su amoroso Poder Superior. Y, también, lo que cada miembro ha recibido -regalos de la Recuperación- a partir de su trabajo personal con los Doce Pasos. Hay una transformación pues llegamos a mirarnos y a entendernos a nosotros mismos de una manera distinta. Una compañera compartió su despertar de la siguiente manera: "los mismos eventos ocurren hoy tal como ayer. Lo que es diferente, es cómo los experimento, cómo los vivo". Otro miembro compartió: "mi despertar espiritual consiste en tener los Pasos de CoDA y a mi Poder Superior". Incluso otro más compartió: "mi despertar espiritual es reconocerme como un ser humano espiritual". Compartir sobre nuestros sucesivos despertares espirituales en las juntas, es un modo que nos permite llevar el mensaje y brindar esperanza a otros codependientes. Oímos cómo los Pasos trabajan en otros y eso nos ayuda a tener fe de que los Pasos trabajarán en nosotros.

En ocasiones los despertares espirituales ocurren gradualmente y se experimentan a través de la introspección, la reflexión, de que somos nosotros los que necesitamos cambiar. Tomamos conciencia de que no podemos cambiar a otros. Se nos recuerda que nuestro despertar espiritual es un resultado y de que este resultado ocurre después de que hemos empleado tiempo, reflexión, trabajo en el contexto del Programa y al trabajar los Doce Pasos. Somos capaces de cambiar cuando utilizamos las herramientas que hemos encontrado al trabajar los Doce Pasos, asistir a juntas, apadrinarnos y realizar nuestro servicio. Algunas de esas herramientas desde luego implican hacer inventarios, reparaciones, aplicar el Décimo Paso todos los días, meditar y orar. Un miembro compartió: "tengo despertares espirituales sucesivos cada que me retiro del lugar donde se expresa mi codependencia, y voy hacia el sitio donde se encuentra la voluntad de Dios". Al continuar el trabajo de los Pasos nos ayudamos a sostener nuestros despertares espirituales. Llegamos a creer que Dios existe dentro de nosotros y no separado de nosotros.

El Doceavo Paso nos otorga una dirección como miembros. Tratamos de llevar el mensaje de nuestro despertar espiritual a otros codependientes. La palabra "tratamos" implica nuestro esfuerzo para soltar los resultados. Gradualmente llegamos a creer que nuestra recuperación misma es el mensaje. Habiendo trabajado a través de los Doce Pasos somos diferentes y nuestras vidas han cambiado. Por eso, simplemente vivir nuestra vida de recuperación es importante. No siempre sabemos cuando alguien que sufre nos observa, nos escucha o nos nota. Humildemente compartimos nuestra experiencia de recuperación en el ambiente seguro de las juntas. Y nuestra recuperación se torna evidente. Por ello portamos el mensaje de la recuperación. Como miembros de CoDA existen otras vías para llevar el mensaje. Algunos ejemplos son: llevar las juntas a quienes están confinados en hospitales, cárceles y otras instituciones. Otros ejemplos son apadrinar a un nuevo miembro, hablar y hacer servicio en todos los niveles de CoDA. Es importante tener literatura disponible para llevar nuestro mensaje de recuperación a los recién llegados y para aquellos que aún sufren.

Este Paso sugiere que los principios de nuestro programa pueden ser aplicados en todos los aspectos de nuestras vidas. Al aprender a vivir de una manera diferente, nos volvemos conscientes de que no podemos separar nuestra recuperación del resto de los aspectos de nuestras vidas. Después de todo, la codependencia afectó todas las áreas de nuestras vidas y por ello queremos aplicar nuestro conocimiento de los Doce Pasos en todas esas áreas. Estos principios de nuestro programa son como un faro, como nuestro mapa del camino para vivir de maneras más sanas. Ellos nos ayudan a mirarnos a nosotros mismos y a tomar conciencia de lo que hacemos y de lo que dejamos de hacer. No tenemos que sentirnos locos, ni confundidos sin tener a donde ir, sin saber que hacer. Tenemos nuestros Doce Pasos y nuestro Poder Superior que nos ayudan a tomar decisiones sabias. Al continuar practicando estos principios experimentamos la vida de una manera diferente y por ello podemos llevar el mensaje a otros codependientes.

Habiendo obtenido un despertar espiritual como resultado de estos pasos, tratamos de llevar el mensaje a otros codependientes y de practicar estos principios en todos nuestros asuntos.

—Doceavo Paso

Estas preguntas tienen la intención de ayudarte a trabajar tu Doceavo Paso.

- ¿He tenido un despertar espiritual como resultado de trabajar estos Pasos?

- ¿Cómo sé si he tenido un despertar espiritual?

- En este Paso hay una esperanza implícita. ¿Podemos distinguirla?

- ¿Cuál ha sido mi experiencia al tratar de llevar el mensaje?

- ¿Qué herramientas tengo hoy como resultado de estos Pasos?

- ¿Cómo impacta en mi vida mi despertar espiritual?

- ¿Qué podría separarme de mi despertar espiritual y de mi Poder Superior?

- En el Doceavo Paso hay una frase: "estos principios". ¿A qué se refiere?

- ¿Cómo practico estos principios en todos mis asuntos?

NOTAS

NOTAS

NOTAS

NOTAS

El anonimato es la base espiritual de todas nuestras tradiciones,
recordándonos siempre anteponer los principios a las personalidades.
— Doceava Tradición

La Doceava Tradición aclara que el Programa de CoDA es de naturaleza espiritual y que el anonimato es la base de todas las Tradiciones. Aún más: el anonimato es la base espiritual de acción básica en nuestras juntas y grupos, colocando por lo tanto los "principios antes que las personalidades". Hacer esto protege nuestro programa. Dicho de forma simple: sin el anonimato, la estructura de CoDA se derrumbaría.

En la Onceava Tradición, hablamos acerca del significado de mantener el anonimato en nuestra política de relaciones públicas. Ahora, en la Doceava Tradición, tratamos el hecho de llegar a nuestras juntas y al trabajo de servicio CoDa con el espíritu del anonimato. Ser anónimo puede incluir no sólo mantener nuestros apellidos privados, sino también dónde vivimos, cuánto dinero ganamos, y cómo nos ganamos la vida. Y ello reduce las posibilidades de hacer juicios hacia nosotros mismos y a los demás. Puesto que las diferencias económicas, sociales y culturales no son un identificador en nuestra Fraternidad, cada miembro sólo se concentra en su propia recuperación de la codependencia. Tenemos la oportunidad única de escuchar y trabajar con gente que tiene una meta común. Como el anonimato es un límite bien reconocido, recordamos con más facilidad que estamos reunidos con un propósito común: llevar el mensaje de CoDA a quienes aún sufren.

El anonimato sostiene nuestra seguridad pues establece un ambiente en el que podemos hablar con menos miedo de ser juzgados o citados. Tal como dijo uno de nuestros miembros: "Tuve la dolorosa experiencia de haber sido juzgado por otros. Ahora, en mi Programa, puedo elegir el comportamiento de evitar esas conductas de juicio. Como cada quien habla sólo de sí mismo, puedo escuchar lo que dice y apreciar cómo el mensaje entra en mi ser para ser considerado y escucho exactamente lo que se dijo". Cuando honramos el concepto del anonimato, ubicamos "los principios y no las personalidades". Escuchamos lo que se dice y no a quién lo dice. No traemos nuestros intereses personales a CoDA. Traemos nuestros esfuerzos de recuperación de la codependencia. Lo "Espiritual" no está definido en CoDA, de modo que cada uno de los caminos que recorren los miembros, son bien recibidos y aceptados. Por ello, CoDA es un Programa incluyente.

La Doceava Tradición nos enseña a adherirnos a nuestras Tradiciones, al anteponer los Principios a las personalidades. Cuando conservamos este principio como el más importante y el primerísimo, apoyamos la sana existencia de CoDA. Las Tradiciones enseñan a cada miembro y grupo de Codependientes Anónimos cómo proteger nuestro anonimato, nuestra espiritualidad y lo incluyente que es nuestra Fraternidad.

El anonimato es la base espiritual de todas nuestras tradiciones, recordándonos siempre anteponer los principios a las personalidades.
— Doceava Tradición

Las siguientes preguntas tienen la intención de ayudarte a trabajar la Doceava Tradición:

- ¿Qué significa para mí el anonimato?
- ¿Por qué el anonimato crea el fundamento espiritual de nuestras Tradiciones?
- ¿Qué significa anonimato en un grupo de CoDA?
- ¿Por qué es importante que el grupo cuide y mantenga el anonimato?
- ¿Qué significa para mí: "los principios se anteponen a las personalidades"?
- ¿Cómo practico el principio de anonimato para mí mismo?
- ¿Cómo lo practico en relación con los otros?
- La Doceava Tradición protege mi seguridad. ¿Por qué?
- Esta Tradición protege nuestro Programa ¿Por qué?

NOTAS

NOTAS

NOTAS

NOTAS

Lista de verificación para el Inventario del Grupo

Cuando tenemos preguntas o surgen problemas en CoDA, podemos utilizar esta lista de verificación de las Doce Tradiciones. En ella encontramos respuestas a nuestras preguntas o a las causas de los problemas. Al utilizar las Tradiciones de esta manera, contamos con un inventario de grupo.

Podemos preguntarnos lo siguiente:

- ¿Acaso nuestro bienestar está en primer lugar, cuando realizamos trabajo de servicio?
- ¿Nos ponemos bajo el cuidado de nuestro amoroso Poder Superior, tal como se expresa en nuestra conciencia de grupo? ¿Nuestro Poder Superior de grupo es nuestra última autoridad?
- ¿Recordamos que el único requisito para ser miembro de CoDA, es el deseo de establecer relaciones sanas y amorosas?
- ¿Respetamos la Autonomía de CoDA, excepto cuando afecta a CoDA como un todo?
- ¿Recordamos que el propósito más importante de cada uno de los grupos es llevar el mensaje de recuperación a aquellos que aún sufren?
- ¿Evitamos las empresas ajenas a CoDA? ¿Logramos, por lo anterior, enfocar nuestra atención entera a nuestra meta espiritual más importante?
- Como individuos ¿Nos apoyamos a nosotros mismos?
- ¿Mantenemos nuestra profesión fuera de nuestro servicio?
- ¿Somos directamente responsables respecto de aquellos a quienes servimos?
- ¿Recordamos que CoDA evita opiniones respecto de asuntos externos, para evitar llevar al grupo o a las juntas a la controversia pública?
- ¿Basamos nuestra política de relaciones públicas en la atracción, y evitamos la promoción?
- ¿Honramos el principio de anonimato?

Estas son preguntas más personalizadas que pueden ayudarte en tu proceso de recuperación.

- ¿Qué características positivas tengo? ¿Cuáles son mis mejores cualidades? ¿Cuáles son mis talentos? ¿De cuáles de mis logros me siento más orgulloso?

- De niño ¿Hubo alguien que hablara conmigo o que me ayudara de alguna manera? ¿A qué conclusiones he llegado a este respecto?

- De niño, ¿Experimenté conductas codependientes de quienes me cuidaron? ¿Qué sentí respecto de esos comportamientos entonces? ¿Qué secuelas y creencias tengo aún hoy de aquellas conductas? ¿Qué siento hoy respecto de todo esto?

- ¿Siento que merezco lo bueno? Si no ¿Por qué?

- ¿Cuáles experiencias positivas fueron parte de mi infancia? ¿Qué gané de estas experiencias? ¿Qué mensajes positivos se me dieron en la infancia? ¿Quién o qué es la fuente de esos mensajes? ¿Cómo me hicieron sentir?

- ¿Niego la codependencia de mis padres o sus adicciones? En caso de que así sea, ¿Por qué? ¿Qué obtengo de la negación? ¿Soy capaz de aceptar que mis padres lo hicieron porque así eran, en lugar de culparlos a ellos o a mí?

- ¿Qué estoy haciendo hoy, qué repito, de lo vivido en mi infancia? ¿Qué comportamientos auto-derrotistas he traído desde la infancia, a la edad que vivo hoy? ¿En qué ambientes distintos a los familiares los aprendí?

- ¿Me apruebo a mí mismo?

- ¿De qué maneras, ahora de adulto, me he lastimado a mí mismo?

- ¿Me critico y condeno a mí o bien a otros? ¿En qué circunstancias?

- ¿Cómo permito que las opiniones de otros influyan en mi comportamiento? ¿Por qué?

- ¿Qué valores míos, propios, ignoro con tal de quedar bien y de acomodarme a las circunstancias?

- ¿Me hago menos o me empequeñezco? ¿Cuándo lo aprendí? ¿Cómo me hace sentir ese comportamiento?

- ¿Es más importante para mí lo que otros piensas y opinan, respecto de lo que pienso y opino yo mismo? De ser así ¿Por qué?

- Como adulto ¿Cuáles son mis ganancias al creer que soy una víctima? Cita varios ejemplos.

- ¿A qué comportamientos codependientes me aferro? ¿Qué logro o qué encubro con mis conductas codependientes?

- ¿Siento que los comportamientos codependientes de otros son mi culpa o mi responsabilidad? ¿Qué experiencias de aprendizaje he negado a otros, en mis esfuerzos por controlarlos?

- ¿Recuerdo ejemplos de ocasiones en las que tomé más responsabilidad de la que necesitaba? Quizá, hubo ocasiones en las que creí estar a cargo, sin ser así ¿Qué resultó de todo ello?

- ¿A qué resentimientos me aferro? ¿Cómo afectan los resentimientos mi recuperación? ¿Qué o a quién evito? ¿Por qué?

- Alguien me ha dicho: "¿Qué te pasa?" O bien "¡Cállate!", "Vete de aquí" y algunas afirmaciones duras y mandatos. ¿Alguien negó lo que sentías? ¿Cómo te sentiste?

- Cuando he podido recuperar mi propio poder ¿Cómo me sentí?

- ¿Cómo me ha beneficiado mi recuperación?

NOTAS

NOTAS

NOTAS

NOTAS

NOTAS

NOTAS

NOTAS

La literatura de CoDA es una suma de documentos vivos, pues corresponden a una Fraternidad viva y dinámica, que crea su propia literatura. El Comité de Literatura da la bienvenida a material adicional o a los comentarios de la existente. Por favor, copia, firma y adjunta la forma que se muestra abajo, junto con tu envío.

Co-Dependents Anonymous, Inc.
P.O. Box 33577; Phoenix,
AZ 85067-3577
Cesión de Copyright

Yo, _____, el autor de _____

Por este medio, cedo los derechos títulos e intereses en y de este trabajo, (incluyendo todos los derechos de autor y sus renovaciones en todos los países, idiomas y medios de comunicación conocidos y por conocer), a Co-Dependents Anonymous, Inc., una corporación sin ánimos de lucros, con sitio en Arizona.

Cualquier disputa entre el autor y CoDA, relacionados con el presente trabajo, y que no sea posible resolver amistosamente, se dirimirá mediante el arbitraje vinculante bajo las reglas de arbitraje comercial vigentes de la Asociación Norteamericana de Arbitraje en Phoenix, Arizona. O bien, en alguna otra localidad que los Miembros del Consejo elijan, razonablemente.

Información del autor, que contribuye con literatura:

Firma _____

Nombre _____

Fecha _____

Dirección _____

Número telefónico _____

No. de tel. móvil _____

Dirección de correo electrónico _____